CHANGER
LA SOCIÉTÉ
ESSAI SUR L'ÉCHEC EN COURS

Catalogage avant publication de Bibliothèque et Archives nationales du Québec et Bibliothèque et Archives Canada

Beauchamp, André, 1938-
     Changer la société : essai sur l'échec en cours

     ISBN 978-2-89646-582-8

1. Crise écologique. 2. Homme - Influence sur la nature. 3. Responsabilité environnementale. 4. Environnement - Protection - Aspect social.
5. Développement durable. 6. Consommation (Économie politique). I. Titre.

GF75.B42 2013   304.2'8   C2013-940208-X

Dépôts légaux – Bibliothèque et Archives nationales du Québec, 2013
Bibliothèque et Archives Canada, 2013

Révision : Pierre Guénette
Mise en pages et couverture : Mardigrafe inc.

Nous reconnaissons l'aide financière du gouvernement du Canada par l'entremise du Fonds du livre du Canada (FLC) pour des activités de développement de notre entreprise.

Cet ouvrage a été publié avec le soutien de la SODEC. Gouvernement du Québec – Programme de crédit d'impôt pour l'édition de livres – Gestion SODEC.

4475, rue Frontenac, Montréal (Québec) H2H 2S2
C.P. 990, succursale Delorimier Montréal (Québec) H2H 2T1
Téléphone : 514 844-2111 ou 1 866 844-2111
NOVALIS sac@novalis.ca • novalis.ca

Imprimé au Canada

Diffusion pour la France et l'Europe francophone :
Les Éditions du Cerf
24, rue des Tanneries
75013 Paris
editionsducerf.fr

Offert en version numérique
978-2-89646-942-0
numérique
novalis.ca

ANDRÉ BEAUCHAMP

CHANGER LA SOCIÉTÉ

ESSAI SUR L'ÉCHEC EN COURS

NOVALIS

1
Liminaire

Le présent ouvrage prolonge et complète deux ouvrages précédents et s'intègre donc sous le titre général *Pour une conversion écologique*. Le premier ouvrage, *Hymnes à la beauté du monde*, cherchait à stimuler l'expérience spirituelle relative au milieu écologique. C'était, essentiellement, un livre de poèmes et de prières. Le second ouvrage, *Regards critiques sur la consommation*, visait à éveiller les lecteurs aux impasses de la société de consommation, car, ultimement, ce sont la consommation abusive et sa diffusion à l'ensemble de la planète qui sont les causes de la crise commune. La planète n'a pas les moyens de se payer une telle extravagance de consommation. Passé un seuil, toujours plus est toujours trop.

Alors que les deux premiers ouvrages étaient constitués de textes courts qui suggéraient une approche impressionniste de la prière écologique et de l'action relative à la consommation, le présent volume *Changer la société* aborde un certain nombre de questions de fond. Même si le propos est d'une tout autre nature, je n'ai pas voulu en faire un texte savant, mais plutôt un essai qui donne à penser. Le spécialiste y trouvera sans doute à redire... Ayant toutefois passé une large partie de ma vie à enquêter sur de grands projets, je pense être en mesure de réfléchir à haute voix sur la route sur laquelle l'humanité est en train de s'engager, route qui mène à une impasse, car il s'agit bien d'un échec. Les purs et durs du développement tous azimuts refusent le terme d'échec et ne parlent que d'ajustements mineurs. À mes yeux, il y a crise et crise profonde. Mais la crise est précisément en cours, ce qui laisse entrevoir des corrections possibles.

Dans les années 1970 et 1980, un discours écologico-politique était volontiers alarmiste, voire désespéré. Actuellement, à l'inverse, nous assistons au retour d'un discours dominant à caractère économiste et consumériste, discours hyper rassurant qui cherche à nier la crise. Il suffit alors de mettre en exergue certains abus rhétoriques de prophètes alarmistes pour disqualifier d'un coup tout un champ de recherche. Ainsi font les climatosceptiques. Le premier ministre du Canada, monsieur Stephen Harper, est actuellement le prototype de la bonne conscience capitaliste du développement tous azimuts à court terme. Serein, visage souriant, il plane au-dessus des vicissitudes de ce monde. Avec un calme sibyllin, il coupe dans la recherche, abolit les systèmes longs de connaissance[1], change les règles du jeu. Les problèmes écologiques semblent pour lui des chimères. À mes yeux, il a tort, et il crée l'impasse sur l'avenir. À ses yeux, cela importe peu, car d'ici là, il aura eu le temps de faire ce qu'il veut. Il aura donc infléchi l'histoire sans prendre en compte le futur. Monsieur Harper est, à l'extrême, un pragmatique du temps passé projeté dans

---

1. Par exemple, des relevés systématiques de température et de pluviométrie sur un territoire pendant cinquante ans.

le temps présent – pourquoi s'en faire, on en a vu d'autres. Je serais pour ma part un malade du temps long[2], du temps responsable.

La crise de l'environnement est multiforme et complexe, liée à l'expansion de l'espèce humaine au sein de la biosphère. Une question de ce genre est trop globale et trop large pour être comprise par l'opinion publique. Alors, les médias font du saucissonnage. Ils isolent les crises et les enjeux : changements climatiques, pollutions ponctuelles spectaculaires, effets sur la santé, désertification, famines, catastrophes, rareté de l'eau, disparition d'espèces, intoxications alimentaires. Chaque clan a ses groupes de pression et sa stratégie de mobilisation de l'opinion publique. Ici, Journée de la terre ; là, Journée de l'eau, Journée sans voiture, Journée de la faim et ainsi de suite. Je ne m'attarde pas sur la crise. Je l'ai fait précédemment[3]. La pression humaine sur l'écosystème terre est considérable et terrifiante dans la mesure où l'être humain, devenu capable de s'inscrire au sein même des processus vitaux, peut changer le cours de la vie. L'être humain n'est plus cet animal fragile qui se soumettait tant bien que mal à la nécessité. Il se présente plutôt comme un démiurge qui modifie les règles du jeu. Il suffit de penser à l'explosion des consommations d'énergie, aux développements de la chimie, à l'invention de nouvelles substances dont les effets à long terme ne sont même pas

---

2. Penser trois ou quatre générations avec la conscience aiguë que le rythme des changements s'accélère.
3. André BEAUCHAMP, *Pour une sagesse de l'environnement*, Montréal, Novalis, 1991, 218 pages.

étudiés, à la capacité, maintenant, d'intervenir dans le génome de tous les vivants. La puissance humaine n'est pas infinie. Elle est indéfinie, mais elle n'a pas de norme intrinsèque pour la guider, voire la contraindre. Sommes-nous engagés dans une course folle vers l'absurde ? C'est à voir.

J'ai tendance à décrire la crise comme le résultat cumulatif de quatre bombes :

— **Bombe D,** pour démographique, à savoir l'explosion de la population humaine attribuable à l'hygiène, à la médecine, aux techniques agricoles, à la productivité industrielle, aux changements à la culture devenue urbaine.

— **Bombe P,** pour pollution, qui consiste à rejeter dans le milieu écologique une quantité considérable de déchets naturels ou chimiotechniques que le milieu (la nature) n'arrive pas à intégrer à un rythme suffisamment rapide et qui risque donc d'avoir un effet délétère sur le milieu ou sur l'être humain. Il y a ici deux questions interreliées, celle de la quantité des polluants déversés par rapport à la vitesse et à la capacité d'intégration de la nature (il suffit de penser aux déchets domestiques qui ne cessent d'augmenter), puis celle de l'impatience de l'industrie qui ne tolère pas les études à long terme et inonde le marché avant qu'on ait pu évaluer les effets *in vivo*, sur le terrain réel.

— **Bombe C,** pour la hausse incessante des consommations individuelles et collectives et sa diffusion à de larges couches d'une population mondiale elle-même grandissante. C'est, en un sens, l'aporie de Malthus[4] : la consommation galopante dépasse les capacités de régénération de la nature en sorte que nous dilapidons le capital nature. Malthus en tirait la conclusion qu'il fallait arrêter d'aider les pauvres. Je n'en tire pas une conclusion, car il n'y a pas de solution simple et unique, mais un avertissement : l'ennemi premier n'est pas le pauvre, mais le riche dans la mesure où il impulse et diffuse les nouveaux espaces de consommation.

— **Bombe I,** pour inégalité et iniquité dans les rapports sociaux. Toute société est fragile, mais plus les écarts s'y accentuent, plus elle l'est. Les chantres de la droite sont, au contraire, convaincus que c'est la richesse des riches qui crée l'abondance et le bonheur. À leurs yeux, les décisions politiques doivent favoriser l'expansion de la richesse et des riches, car c'est la seule manière de « faire grossir la tarte », comme on dit, et donc de pouvoir donner à chacun un plus gros morceau même si le partage est de moins en moins égalitaire. Ce faisant,

---

4. Pour Malthus, la population augmente selon une progression géométrique : 2, 4, 8, 16. Les ressources s'accroissent selon une proportion mathématique : 1, 2, 3, 4. D'où le choix de limiter les naissances et de laisser mourir les pauvres. Malthus isole un facteur et simplifie à l'extrême une réalité complexe.

on occulte le rapport social au profit du calcul individualiste de consommation par tête. À la génération suivante, c'est la crise, l'éclatement social.

En général, les gens ne perçoivent pas le lien entre la question sociale et la question écologique. Celui-ci est pourtant essentiel, pour de nombreuses raisons, dont la plus évidente est que la pauvreté est la pire des pollutions. Si elle est extrême, on détruira tout pour simplement survivre. Prendre l'environnement en considération, c'est toujours changer son échelle du temps. La pauvreté, c'est être contraint à vivre dans l'immédiat sans avoir de contrôle sur le temps à venir, sur ce qui crée le malheur, engendre la délinquance et fragilise la société[5].

Je n'ai pas cherché ici à dresser un bilan de l'environnement. C'est le genre de survol qu'on aimait faire dans les années 1970. Il existe sur ce point de bons instruments comme *The State of the World* qui, chaque année, dresse un bilan global et des bilans sectoriels. C'est l'œuvre du pionnier Lester R. Brown et du Worldwatch Institute. Malheureusement, le ton y est souvent alarmiste et désespérant. Signalons aussi *Vital Signs*, une approche du même groupe, inspirée du milieu médical et qui retient l'analyse de cibles stratégiques. Sans oublier les très nombreux rapports des organismes rattachés à l'ONU, notamment de l'UNESCO et du Programme des Nations unies pour l'environnement (PNUE). Cette documentation

---

5. Voir Louis Chevalier, *Classes laborieuses et classes dangereuses*, Paris, Perrin, coll. « Tempus », 2007. Chevalier y retrace l'histoire de la délinquance dans le Paris de la première moitié du XIXᵉ siècle.

est surtout accessible par les médias électroniques dont je ne suis pas friand. Il est difficile de lire à l'écran un document de 540 pages comme le rapport du PNUE de juin 2012, rapport préparatoire à la rencontre de Rio+20. Le rapport fait un survol de la situation et montre à quel point les espérances et les promesses du sommet de la Terre, à Rio en 1992, n'ont pas été réalisées. Les États n'ont pas tenu leur engagement.

Les médias électroniques sont source d'innombrables informations, souvent militantes, mais dont la rigueur est hélas invérifiable. Une revue « scientifique » a toujours un comité d'experts chargé d'examiner la valeur et la rigueur des articles proposés. Les médias électroniques véhiculent un peu n'importe quoi, le vrai et le faux. Entendons-nous, il n'y a pas de vérité parfaitement objective. Tout discours scientifique est le « construit » d'un *auteur* qui, souvent à son insu, défend son point de vue d'*acteur* social. Seuls le débat et la controverse permettent de rétrécir les marges d'erreur et de subjectivité.

Je n'ai donc pas cherché à décrire scientifiquement la crise[6]. On peut le faire soit en analysant l'environnement *ut sic*, à l'aide de bilans et de statistiques, soit en analysant les activités humaines perturbatrices (c'est-à-dire le transport,

---

6. Il est impossible à un auteur d'en faire le tour. Les bilans sont la plupart du temps des ouvrages collectifs, chaque analyse sectorielle étant en général l'œuvre d'une équipe spécialisée. Un bel exemple de bilan d'un auteur est la trilogie de Jared Diamond, dont le parcours constitue un traité de l'Homme, même si ce bilan est pour une part une collection d'articles parus sur une longue période. Voir : *Le troisième chimpanzé*, Paris, Gallimard, 2000 ; *De l'inégalité parmi les sociétés*, Paris, Gallimard, 2000 et *Effondrement*, Paris, Gallimard, 2006. Voir aussi l'ouvrage collectif des vingt ans de la Fondation Nicolas Hulot pour la nature et l'homme : Dominique BOURG et Alain PAPAUX (dir.), *Vers une société sobre et désirable*, Paris, PUF, 508 pages.

le logement, l'industrie, le tourisme, etc.). Tenant pour acquis le phénomène, largement démontré, j'essaie d'en comprendre le sens, les causes, les retentissements.

Le présent ouvrage est donc un simple essai. Un essai qui donne à penser. « S'il fleurit, je serai reine avec mes sabots. Et s'il meurt, j'aurai ma peine[7]. »

Ce livre est important pour moi, car j'arrive vraisemblablement au terme de mon parcours. Or, depuis quarante ans, la crise de l'environnement s'est considérablement aggravée même si les malheurs annoncés ne se sont pas tous produits. L'impatience humaine compte en années. L'échelle de temps de la nature, c'est le centenaire, le millénaire, le million d'années. En quarante ans, l'humanité a mieux cerné la crise et a procédé à des adaptations remarquables par des protocoles mondiaux, des programmes, des conventions. L'humanité sent qu'elle est menacée.

Malgré cela, la crise s'est immensément aggravée depuis quarante ans, car même si elle sent la gravité de la crise, l'humanité ne veut pas, et vraisemblablement ne peut pas, changer de direction. La planète est trop petite et trop fragile pour satisfaire à la somme des appétits humains en cours, et les systèmes politiques et culturels en place ne peuvent se résigner à prendre certains virages. La Chine, l'Inde, le Brésil et une large partie des pays de l'Amérique du Sud veulent

---

7. *En passant par la Lorraine.*

désormais, comme nous, le salut par la consommation. Et la Russie n'est pas en reste. Comme la politique vire à droite, on peut s'attendre, demain, à de très graves conflits.

À mes yeux, la crise écologique est le défi éthique de notre époque. Défi pour les hommes et les femmes, pour les jeunes et les vieux. Défi planétaire qui transcende les cultures. Défi qui inclut l'éthique de la science et de la technologie, de la politique, de la démocratie. Défi culturel et spirituel.

Je tiens à signaler que cet ouvrage a son unité intrinsèque, son parcours intérieur. Ce n'est pas une collection d'articles rassemblés sous un titre commun ni le rappel de livres antérieurs.

Même s'il semble aborder des thèmes et des axes de recherche bien différents, la problématique que j'y propose est unifiée par trois questions : Quoi faire ? Que penser ? Comment faire ?

J'ai donc cru bon de le commencer en traitant du développement durable (chapitre 1), car c'est le concept qui avait rallié les décideurs politiques entre 1987 et 1992, au moment de l'apogée de l'éveil politique à l'environnement. J'explore ensuite la loi naturelle, un principe moral auquel plusieurs se rattachent, afin d'en montrer les limites (chapitre 2). J'ai renoncé à fouiller la question de l'éthique de l'environnement, ayant déjà écrit un livre sur cette question. Poussant plus loin dans l'interprétation de la crise, j'ai été amené à analyser la culpabilité refoulée que l'humanité ressent face à elle-même, et donc à débusquer l'énorme potentiel de violence auto-destructrice que ce sentiment refoulé risque de générer si nous ne changeons pas de cap (chapitre 3).

Me rapprochant de la politique concrète, le chapitre 4, inti-tulé « La pierre, les ciseaux et le papier », montre comment les acteurs se neutralisent les uns les autres pour finalement se figer dans l'immobilisme. Le sursaut ne peut pas venir des élites économiques, politiques et scientifiques. Il viendra d'en bas par le moyen d'une démocratie transformée (chapitre 5).

Le dernier chapitre, qui suggère la confiance, tente de dégager un horizon sur le mystère de la vie, mystère qui nous précède, nous englobe et qui continuera d'exister après nous.

Ce livre se veut donc un essai sur l'échec en cours, plus proche de l'éthique de la vie quotidienne et sociale que de la poli-tique, de la science écologique ou de la théologie. Théologien de métier, j'ai essayé d'éviter le discours proprement théolo-gique, même s'il m'a fallu ici et là pousser quelques pointes en ce sens. Notre héritage chrétien nous inscrit dans une certaine compréhension du rapport à la nature, qui légitime et glorifie l'action humaine. Mais, depuis la Renaissance, la culture ratio-naliste et scientifique a durci cette vision et l'a transformée en un anthropocentrisme radical qui mène directement à la crise. Ceci veut dire que le christianisme usuel vulgarisé, qui s'est diffusé un peu partout, n'est pas capable de faire face à la crise à moins d'entreprendre une révision radicale de sa propre autocompréhension.

La conversion écologique n'est pas un vain mot. Elle est le premier pas d'une immense aventure.

Chapitre 1
Le développement
durable : un oxymore?

Un oxymore, certains disent « oxymoron », est une figure de
style consistant à réunir deux mots en apparence contradic-
toires. Victor Hugo mourant disait qu'il voyait une lumière
noire. L'amour prête volontiers à l'oxymore : la douce violence,
l'extrême douceur, l'ineffable parole. Il s'agit là souvent de
poésie, mais aussi de l'évocation de la complexité des choses,
attitude familière à l'expérience mystique qui se colletaille
avec l'infini.

Nous vivons dans une société dont la pensée est simplifiée
à l'extrême. Obsession de la pensée claire et lapidaire, déjà
présente chez Boileau : « Ce que l'on conçoit bien s'exprime
clairement et les mots pour le dire arrivent aisément. » Les
choses ne se sont pas améliorées avec la publicité qui nous
amène à penser en slogan. Elles se dégradent encore avec
la culture du microblogue : tout dire en 80 ou 150 signes.
Et que dire de l'obsession des statistiques en laissant toujours
entendre que les chiffres parlent d'eux-mêmes et qu'ils écartent
a priori toute discussion ? Mais tout débat en profondeur fait
toujours apparaître que les chiffres ne disent que ce qu'on a
bien voulu y mettre.

Depuis les Grecs, surtout Aristote, on s'interroge sur la représentation de la réalité, sur le rapport de l'intelligence au vrai, ou même sur le principe de non-contradiction. La question est constamment renouvelée avec, par exemple, la physique quantique ou la prise en compte de l'écosystème. Système de systèmes avec des boucles de rétroaction, l'écosystème nous oblige à inclure la complexité dans nos représentations[8].

Le développement durable désigne un développement qui satisfait les besoins des gens vivant actuellement, et d'abord les plus pauvres, tout en respectant les besoins des générations futures. Derrière le concept de développement durable, il y a finalement trois idées qui vont mal ensemble : la satisfaction des besoins des gens d'aujourd'hui (principe économique), le respect des capacités de soutien des écosystèmes (principe écologique), la prise en compte de la durabilité des sociétés humaines, c'est-à-dire de l'équitable répartition des biens aux gens vivant maintenant (équité intragénérationnelle) et du rapport de la présente génération aux générations futures (équité intergénérationnelle). Il s'agit là d'un principe social.

Proposé en 1987 par la commission Brundtland, le développement durable cherche donc à réconcilier le développement humain et la crise environnementale. On pourrait dire développement « soutenable », concept bien connu dans le milieu forestier sous le nom de « rendement soutenu ». L'agriculture traditionnelle correspondait à cette vision d'un cycle naturel,

---

8. Voir Thierry MAGNIN, *L'expérience de l'incomplétude*, Paris, Lethielleux, 2011, 356 pages.

quasi stable, persistant sur plusieurs siècles. Mais le recours aux énergies fossiles et le développement fulgurant de la technologie ont brisé le rythme d'autrefois et ont fait entrer l'humanité dans une ère nouvelle de turbulence, je n'ose dire « de développement ».

Le concept de développement durable est à la fois complexe et contradictoire. C'est pourquoi les milieux écologistes préféreraient parler d'écodéveloppement en restreignant le développement au sein des limites de l'écosystème. C'est dans le même sens que l'on propose maintenant une analyse basée sur l'empreinte écologique. Si tous les humains devaient vivre au même niveau de vie que nous, y parviendrait-on à long terme ? La réponse est non. Il faudrait cinq ou six planètes Terre. Si nos taux actuels de consommation sont possibles et sont en train de se diffuser dans le monde – en Chine, par exemple –, c'est, d'une part, à cause d'inégalités croissantes entre les nantis et les autres, et d'autre part, parce que nous brûlons à toute vitesse les énergies fossiles. Nous gaspillons un capital gigantesque et une crise de ressources énergétiques est prévisible à plus ou moins long terme. Il ne sera plus alors question de développement, mais d'effondrement.

L'humanité dans son ensemble, mais de façon très inégalitaire, est dopée par la disponibilité d'un excès d'énergie. Normalement, le Soleil est le moteur qui réchauffe la Terre et la maintient à une température convenable grâce à l'atmosphère. Les énergies fossiles, dites « non renouvelables », représentent un excès d'énergie stockée dans le sous-sol, notamment au temps du carbonifère. Ces énergies s'appellent : charbon, pétrole, gaz naturel. Ressources très abondantes, mais limitées tout de même, et dont les réserves facilement accessibles diminuent rapidement de telle sorte qu'il faut maintenant faire appel à des technologies plus risquées et plus polluantes – par exemple les plates-formes pétrolières en haute mer, les sables bitumineux, le gaz de schiste –, afin d'atteindre des réserves importantes de ces ressources, mais plus difficiles d'accès et plus à risques.

Pendant ce temps, nous consommons l'énergie à une vitesse folle, relâchant dans l'atmosphère des polluants nombreux, le CO_2 notamment. L'accumulation rapide de polluants dans la haute atmosphère accentue le réchauffement de la planète, ce que l'on appelle l'« effet de serre » – la pollution agit comme la vitre d'une serre qui retient sur la Terre la chaleur qui autrement retournerait vers l'espace. Le réchauffement, à son tour, provoque des changements climatiques, c'est-à-dire des perturbations dans la régulation des échanges de chaleur dans les systèmes atmosphériques, lesquels risquent de menacer gravement les sociétés humaines.

Tout cela me rappelle une chanson de mon enfance, *Tout va très bien, madame la Marquise*, que chantaient Ray Ventura et ses Collégiens. La marquise du titre apprend d'abord la mort de sa jument grise, mais cela n'est rien, « tout va très bien, madame la Marquise ». Inquiète, celle-ci s'enquiert : « Qu'est-il arrivé ? L'écurie a brûlé. » Et encore ? « Si l'écurie brûla, Madame, c'est que le château était en flammes. » Et quoi encore ? « Apprenant qu'il était ruiné, monsieur le Marquis s'est suicidé. En tombant, il a jeté une lampe par terre… » Mais « tout va très bien, madame la Marquise ».

La machine à produire et à consommer engendre un excès de gaspillage qui incite à une surconsommation d'énergie, qui conduit à l'épuisement des stocks accessibles et à des systèmes d'exploitation plus risqués, qui engendrent une pollution accrue, laquelle accélère l'effet de serre, lequel fragilise les sociétés, ce qui accentue le recours aux technologies à risques et aux énergies fossiles, et ainsi de suite. Lors de la dernière crise financière, qui a engendré une crise économique pas du tout résorbée, nos dirigeants nous ont suppliés de continuer à consommer. On a même consenti des primes pour encourager l'achat d'autos neuves. Tout va très bien, madame la Marquise.

Le développement durable est-il un leurre ? Pour beaucoup de gens qui l'utilisent, c'est un miroir aux alouettes qui permet de calmer la conscience en continuant d'agir comme si de rien n'était. Si derrière le mot « développement » nous entrevoyons croissance, et notamment croissance de la consommation d'énergie, d'espace et de biens matériels, le développement durable est impossible, car il ne peut pas y avoir de développement infini, ou indéfini, dans un monde fini. Les limites sont celles de la planète.

Il y a tout lieu de craindre que, dans l'expression « développement durable », le mot « développement » finisse par expulser les préoccupations écologiques et sociales. Ainsi, une ministre de l'Environnement du Québec, dans les années 1980, parlait de « développement économique durable ». Elle ne voyait pas la contradiction inhérente à ses propos. Plus récemment, divers intervenants proposaient qu'aux rapports des études d'évaluation et d'examen des impacts sur l'environnement, on en ajoute un autre sur l'impact économique, au moment de la prise de décision du gouvernement. Ces intervenants réduisent l'étude sur l'environnement aux seuls considérants écologiques et occultent sans s'en rendre compte la dimension sociale. Ils cherchent à retourner quarante ans en arrière. C'est en effet durant les années 1970 que les procédures d'évaluation et d'examen des impacts ont été mises au point. Le concept d'environnement intègre à la fois le milieu écologique et le milieu social.

La situation se dégrade encore plus, à l'heure actuelle, avec le gouvernement Harper. D'abord, on a coupé l'expertise, ce qui permettra ensuite de décider sans savoir. Ensuite, on a raccourci le temps consacré à l'évaluation et à l'examen des impacts, pour ne pas décourager l'investissement, bien sûr. Ce faisant, on escamotera l'étude approfondie des impacts sur le milieu écologique et humain. Enfin, on a posé certaines conditions au droit d'intervenir, selon l'intérêt des parties concernées. Pourquoi, en effet, les gens de Montréal discuteraient-ils d'un projet à Sept-Îles, ou les résidents de Toronto d'un projet d'exploitation de sables bitumineux? Mais qui alors peut discuter des effets des pluies acides, des effets dits « sauterelles » sur le climat? Le milieu écologique est global et se moque de nos découpages du territoire.

Autre exemple. Lors de la campagne électorale de 2012 au Québec, le premier ministre Jean Charest faisait la promotion du Plan Nord, un projet de développement économique. À aucun moment, je n'ai entendu les mots « développement durable ». Or, monsieur Charest a été, dans sa carrière, ministre fédéral de l'Environnement, et il connaît très bien le concept promu par la commission Brundtland. Voici un politicien, pourtant pas novice, qui a régressé dans sa compréhension des choses.

Au moment de la préparation de Rio+20, le PNUE a publié sur Internet un rapport volumineux de plus de 500 pages. Ce rapport est affligeant, car la situation s'est dégradée depuis les derniers dix ans, ce qui est facile à comprendre. Alors qu'après la conférence de Rio, en 1992, on pouvait s'attendre à un redressement – il suffit de penser aux stratégies des Agendas 21 –, les évènements du 11 septembre 2001, l'échec du protocole de Kyoto, l'arrivée au pouvoir de gouvernements conservateurs aux États-Unis, en Angleterre, en France ainsi qu'au Canada, la crise financière de 2008 et l'actuelle crise économique, tout cela a fait que le développement durable a été plus un échec qu'un succès, malgré d'indéniables avancées en certains secteurs.

Au fond, depuis vingt ans, les pays dits « émergents » ont reproduit « les modèles de développement économique et territorial qu'ont connus les pays riches, modèles que ceux-ci s'emploient à défendre avec acharnement[9] ». Malgré tout cela, je persiste à penser que l'expression « développement durable » reste opportune. Il peut y avoir développement durable si le mot « développement » désigne un changement qualitatif plutôt que quantitatif. Le développement durable n'est pas une réalité figée et déterminée qu'on acquerrait une fois pour toutes. C'est un processus.

Peut-il y avoir un développement économique durable ? La réponse, à mon sens, est non. La science économique est incapable de gérer le vivant et d'intégrer dans ses calculs les externalités du milieu écologique. Son horizon, qui dépasse rarement dix ans, est beaucoup trop court pour intégrer à la fois le développement de la science, l'innovation technologique, l'évolution des sociétés et la complexité de l'écosystème. Dans l'état actuel des discours, la prétention des économistes et du marché à gérer les sociétés est une imposture. C'est pourquoi le développement durable offre une piste, car il inscrit l'économie dans le social et l'écologique.

L'Assemblée nationale du Québec a adopté 16 principes pour la mise en œuvre du développement durable. Ces principes sont :

- Santé et qualité de vie.
- Équité et solidarité sociales.

---

9. Lucien CHABASON : « 20 ans après Rio, un développement qui n'a rien de durable », *Liaison Énergie – Francophonie*, nos 88 et 89, Québec, IEPF, 2011, p. 19.

- Protection de l'environnement.

- Efficacité économique.

- Participation et engagement.

- Accès au savoir.

- Subsidiarité.

- Partenariat et coopération intergouvernementale.

- Prévention.

- Précaution.

- Protection du patrimoine culturel.

- Préservation de la biodiversité.

- Respect de la capacité de support des écosystèmes.

- Production et consommation raisonnables.

- Pollueur payeur.

- Internalisation des coûts.

On comprendra la complexité de l'effort intellectuel à mettre en œuvre quand il s'agit d'inscrire les programmes d'un ministère dans un cadre de développement durable. Pensons aux dossiers toujours litigieux de l'agriculture, de la voirie, des mines, de la forêt, ou même aux efforts déployés pour contrer les changements climatiques ou sauvegarder la qualité de l'eau.

Pour assurer la progression du développement durable au sein de l'administration publique, le gouvernement a créé un poste de commissaire au développement durable, adjoint au vérificateur général. Il est évident que nous manquons encore d'indicateurs mesurables qui permettent d'évaluer de façon précise une avancée ou un recul en ce domaine. Nous en sommes encore aux appréciations globales. Passer au développement durable est un défi gigantesque, car c'est toute la culture économique et politique qu'il faut changer. Il faudra encore au moins vingt-cinq ou quarante ans pour y arriver. Les sociétés inscrites depuis deux siècles dans la révolution industrielle n'y sont pas prêtes. Alors, imaginons les économies émergentes, comme la Chine et l'Inde, qui aspirent depuis cent ans à sortir du marasme et à entrer dans ce qui, de loin, ressemble au paradis de l'opulence.

Y aura-t-il quelque part une sagesse capable de nous éclairer et de nous guider ? Je n'évoque pas ici un régime religieux ou idéologique de type dictatorial qui mettrait la main sur la société pour la transformer en quelque « *écostère* », comme on disait autrefois « monastère ». Les systèmes religieux ne gèrent pas mieux les sociétés que les autres. Ils deviennent vite des tyrannies, arc-boutés qu'ils sont sur la vérité. Je parle d'inspiration, de souffle, de légèreté de l'être.

Le développement durable pose des difficultés logiques et philosophiques complexes. La durabilité suppose une persistance dans le temps, et donc une certaine stabilité. Dans le domaine forestier, on utilise couramment le concept de rendement soutenu, dans la mesure où la productivité est constante et la cueillette contrôlée. Si, dans une forêt d'une taille donnée, les arbres prennent cinquante ans pour parvenir à l'âge adulte, vous ne pouvez cueillir cette forêt qu'une fois tous les cinquante ans, dans le cas de coupes à blanc et de plantations, ou que 2 % par année dans le cas d'une forêt parfaitement étalée dans le temps. Des systèmes agricoles traditionnels ont fonctionné ainsi pendant des siècles. La durabilité suggère un système fermé qui se perpétue à l'identique. Mais, dans la nature, un système clos est une illusion, car des perturbations surviennent toujours : une inondation, un feu, une tornade, une sécheresse, une infestation, etc. Le système écologique est un système ouvert. Même une forêt dite « climacique » (de *climax*, état d'équilibre) est soumise à des pressions évolutives. En un sens, la durabilité parfaite est illusoire. Le concept de soutenabilité est probablement plus précis et plus correct. La lamentation du vieux Qohelet sur la vanité des choses ne correspond qu'à une très petite partie de l'expérience cosmique : « Ce qui fut, cela sera. Ce qui s'est fait se refera. Rien de nouveau sous le soleil » (*Qo* 1, 9).

La Terre tourne autour du Soleil dans ce qui semble un éternel retour, mais même son orbite n'est pas régulière et contient un apogée.

Si le concept de durabilité suppose un système clos, ou quasi clos, le concept de développement, lui, suggère un état de déséquilibre. Qui dit développement dit transformation, modification, passage d'un état à un autre. On peut penser au corps d'un enfant qui se développe et atteint la maturité. Son développement n'est pas indéfini, car il se développe pour atteindre sa taille adulte. C'est donc une intégration dans une structure. À cet égard, le développement n'est pas à confondre avec la croissance, qui désigne plutôt l'augmentation sans référence à une situation optimale. Une cellule cancéreuse en croissance dans notre organisme peut nous mener à la mort. C'est pourquoi la seule croissance économique est bien insuffisante pour parler de développement humain. Il y a plus d'un siècle que l'économiste Joseph Schumpeter a clarifié cette distinction. C'est pourquoi j'écrivais précédemment que le développement humain peut se poursuivre si on passe du quantitatif au qualitatif, de la consommation matérielle et dévoratrice des choses vers des biens d'une autre nature. On doit penser ici à l'harmonie avec la nature, à la culture, à l'esthétique, à la spiritualité. Mais pour cela, il faut cesser de percevoir la nature comme une banque de ressources à notre service. Il faut penser en termes d'alliance avec la Terre, d'un rapport auto-implicatif avec elle. Nous faisons aussi partie de l'environnement et toute opération d'objectivisation de l'environnement et d'exploitation doit s'insérer dans cette perspective.

Durabilité et développement sont donc assez fortement antinomiques dans la mesure où la première suppose un système plutôt clos et le second un système plutôt ouvert. Mais comme le développement n'est pas anarchique et ne se résume pas à une simple accumulation, il est possible d'associer les deux.

C'est pourquoi, dans la réalité « réelle », le développement durable ne peut advenir que dans la poursuite de l'équité et, plus largement, de la justice. D'abord, il y a des limites écologiques, qui sont celles de la disponibilité des ressources et de la fragilité des processus régulateurs de l'écosystème. Perturber volontairement le climat est, à cet égard, une imprudence grave. Mais il faut évoquer aussi l'explosion des besoins humains prise en charge par des stratégies publicitaires gigantesques. Avant l'effondrement prévisible – cinquante ans ou deux siècles, cela ne change rien : mais le politicien vise quatre ans –, il faut donc intégrer la satisfaction des besoins au sein des limites écologiques. Ce serait l'écodéveloppement. Mais cette perspective sera toujours contestée par les riches, les gens en place, les promoteurs d'une croissance aveugle.

C'est l'équité qui permet de réconcilier les deux concepts. L'équité ne désigne pas ici l'égalité parfaite des individus, mais la mise en place de règles du jeu et l'attribution de chances équivalentes à tous d'accéder à une bonne vie. L'équité suppose maintenant un effort de rééquilibre entre les nations riches et les nations pauvres ou en voie de développement, entre le Nord et le Sud. Des processus clairs et limpides – autre chose que la déréglementation et la pleine liberté du commerce –, des règles de droit dans les différents domaines : besoins essentiels, besoins de santé, besoins culturels. La force du droit doit prévaloir sur le droit de la force. L'équité intergénérationnelle de son côté suppose la prise en compte aujourd'hui des droits et des aspirations des générations futures. Il ne suffit pas de dire : « Qu'elles se débrouillent, ce sera leur affaire. » Donner la vie à un enfant, c'est aussi assumer certaines responsabilités devant son avenir : des chances écologiques de survie, des ressources naturelles suffisantes, des institutions adaptées, un système de droit cohérent.

Il existe dans notre société une interrogation de fond sur l'avenir de la société, sur les chances de survie et sur la mise en place des conditions physiques, intellectuelles et spirituelles pour franchir les étapes à venir.

Le développement durable paraît un chemin raisonnable pour nous mettre en route. Malgré ses fragilités – et peut-être à cause d'elles –, il mérite une attention vigilante. Mais il est clair que l'expression n'a plus la même séduction qu'elle a eue pendant une dizaine d'années (1987-1997). La préoccupation politique n'est plus là de façon constante et ne revient à l'ordre du jour qu'au moment d'incidents catastrophiques. On peut donc penser que l'expression « développement durable » sera de plus en plus délaissée par la gauche écologiste au profit d'expressions plus fortes. Je pense à celle de « décroissance ». Parlera-t-on, en 2020, de décroissance durable ?

Chapitre 2
Nature, morale naturelle et loi naturelle

La crise écologique est le résultat d'une distanciation trop radicale entre l'être humain et le milieu écologique. Des liens importants ont d'abord été brisés entre les humains, c'est le problème de la justice, et entre les humains et le milieu naturel, c'est le problème écologique. Les deux crises s'additionnent et s'aggravent mutuellement. Quand la Terre cesse d'être vue comme un milieu naturel et vivant dont nous faisons partie et qu'elle n'est plus perçue que comme une réalité extérieure livrée entre nos mains, corvéable à souhait, simple réserve de ressources (bois, eau, espace, métaux), alors surgissent les déséquilibres : épuisement des ressources, dégradation et pollution, perturbation des processus de régulation de la planète, dont, en premier titre, les changements climatiques.

Nous touchons ici à une aporie qui revient sans cesse. Tout animal modifie le milieu dans lequel il s'insère. Par exemple, la marmotte mange des herbes, se creuse un terrier, défèque et pollue un coin de territoire, modifie modestement l'écoulement de l'eau d'un secteur. Et ainsi de suite. Certains animaux, comme le castor, modifient le milieu d'une manière considérable. Mais dans tous les cas, plantes et animaux, la « nature » impose aux vivants de la planète des contraintes fortes. Ainsi, une espèce animale s'inscrira dans un milieu (sa niche) et son expansion dépendra de la nourriture disponible, des espèces rivales, des espèces prédatrices, des maladies, des contraintes territoriales. Le cycle de la nature n'est ni infaillible ni parfaitement stable. En foresterie, on parle souvent d'espèces invasives, une espèce en déplaçant d'autres à travers les jeux si complexes de la compétition et de la collaboration.

Ces principes d'une régulation par la nature ont valu pour l'espèce humaine, tant pour la lignée homo, il y a peut-être trois ou cinq millions d'années, que pour notre espèce, homo sapiens, en place depuis peut-être 250 000 ans. Les progrès de l'espèce humaine ont été lents et difficiles dans la mesure où le corps humain semble relativement fragile et peu spécialisé. Les facteurs de la réussite humaine semblent résider dans la station debout, le développement du cerveau, la libération des mains et des bras, qui permettent l'utilisation de l'instrument, et le langage articulé.

L'expérience fondamentale de l'être humain est celle de cueilleurs-chasseurs, situation qui impose une insertion profonde de l'homme dans la nature. C'est en faisant corps avec la nature, mère originelle, que les humains ont survécu. Mais paradoxalement, c'est en s'éloignant d'elle qu'ils ont connu l'essor que l'on connaît. Je n'ose utiliser le mot « progrès », qui risquerait de contenir un jugement ou un mépris sur la situation de cueilleur-chasseur.

Le passage à l'agriculture et à la société agraire semble tout récent : il y a peut-être 12 000 ou 15 000 ans. Mais l'agriculture amorce un changement radical du rapport de l'être humain à la nature. Désormais, l'être humain ne vit plus simplement dans et de la nature. Il l'aménage, structure le territoire, oriente la production des plantes vers la satisfaction de ses propres besoins. Il domestique les animaux et s'approprie un certain contrôle sur la flore et la faune qui l'environnent.

Au fond, s'il y a pour les animaux une loi de la nature qui les confine dans leur registre, y a-t-il pour l'être humain, comme pour l'animal, une loi de la nature qui le confine dans un registre ? On peut répondre non à cette question, puisque l'être humain s'extrait de la nature et la domine. Mais alors, que signifie la crise écologique ? L'être humain aurait-il outrepassé ses « droits » ? La crise suggère l'idée d'un ordre de la nature qu'il ne serait pas bon d'enfreindre et qui s'imposerait à nous du dehors. Elle serait pour notre société la figure du désordre, du mal et du péché.

Peut-on légitimement parler, en ce sens, d'une morale naturelle, d'une loi inscrite dans l'ordre même des choses qui s'imposerait à l'être humain et agirait à la manière d'un impératif ? Il y a là l'objet d'un immense débat sur lequel je m'attarderai bien modestement.

Signalons d'abord que le mot « nature » peut avoir plusieurs sens. Pour les Anciens, la nature d'un être, c'est son essence, sa quiddité en quelque sorte, son identité. Cela désigne aussi le dynamisme interne qui caractérise un être vivant (*phusis*), désignant ainsi sa croissance et son parcours[10]. Dans le langage écologique actuel, la nature désigne le milieu biophysique à l'exclusion de l'être humain.

Le sens traditionnel de la loi naturelle

Quand on parle de « loi naturelle », on ne parle pas des processus physiques ou biologiques définis par les sciences, que l'on appelle parfois « les lois de la nature » et qui sont souvent exprimées à l'aide de constantes mathématiques. On évoque un tout autre horizon mental qui nous vient des traditions grecque et latine et qui a été réinterprété par la théologie du Moyen Âge.

Pour les Anciens, le milieu dans lequel nous sommes est organisé. Il est un cosmos dont l'existence prend son origine en Dieu. Il faut donc supposer en Dieu un dessein primordial, une loi éternelle. Pour Platon, chaque réalité se réfère à une Idée existant en Dieu. Il y a donc un ordre parfait en Dieu, et un ordre imparfait en bas. Aristote, de son côté, parle du monde sublunaire. Pour la doctrine scolastique, la loi naturelle serait le reflet en l'être humain de cette loi éternelle existant en Dieu et dictée par lui. Elle est donc universelle et immuable, et elle vaut pour tous les êtres humains. Comme celui-ci est doté d'intelligence et de liberté, la loi naturelle s'exprime en lui par l'usage de la raison. Le catéchisme catholique (1992)

---

10. Voir Pascal MUELLER-JOURDAN, « La nature : un nom aux acceptions multiples », *Revue d'éthique et de théologie morale*, n° 261, Hors-série n° 7, Paris, Cerf, 2010, p. 71-98.

cite un texte très clair de Thomas d'Aquin : « La loi naturelle n'est rien d'autre que la lumière de l'intelligence mise en nous par Dieu ; par elle, nous connaissons ce qu'il faut faire et ce qu'il faut éviter. Cette lumière ou cette loi, Dieu l'a donnée à la Création[11]. »

Le présent ouvrage n'étant pas un travail de théologie, je ne m'attarderai pas aux différences de représentation de la loi naturelle entre les catholiques et les chrétiens issus de la Réforme. Plus méfiants à l'égard de la nature déchue, ces derniers sont très critiques à l'égard d'un ordre donné, dont le magistère serait l'interprète, et insistent davantage sur les surprises de l'Évangile et la pression eschatologique.

Dans l'enseignement scolastique, la loi naturelle, censée valoir pour toute l'humanité sans restriction, est accessible au sujet moral par deux axes : un pôle objectif et extérieur, contenu principalement dans le Décalogue, ou dix paroles, et appelé la Loi, ou les commandements de Dieu ; un pôle subjectif, intérieur à la personne, que l'on appelle la conscience. La personne qui pose une action doit toujours suivre sa conscience, laquelle en est le guide immédiat. Mais, disent alors les autorités ecclésiastiques, la conscience doit être éclairée, laissant entendre que le seul bon éclairage est celui de la Loi interprétée par elles-mêmes, autorité légitime. On voit des exemples de cela à répétition. Elles en sortent toujours écorchées, car elles

---

11. CECC, *Catéchisme catholique*, Ottawa, Concacan, 1993, n° 1995, p. 406.

semblent ne voir que la loi extérieure et oublier la conscience. Comment trancher entre l'extériorité de la Loi et la subjectivité de la conscience?

Le passage à l'âge séculier

Dans son immense ouvrage sur l'âge séculier[12], Charles Taylor montre que la représentation de la loi naturelle, après la Renaissance, jouera un rôle primordial dans la détermination des règles et des principes d'une éthique intramondaine, surtout sur le plan politique. Les nouveaux penseurs sont parfois chrétiens, parfois déistes, parfois agnostiques. Mais ils cherchent, pourrait-on dire, les invariants de l'existence humaine individuelle et surtout collective. L'ordre médiéval s'inscrivait dans une représentation chrétienne du monde, un univers créé par Dieu et régi par une loi divine inscrite dans la nature des choses, accessible à la raison et enseignée par le magistère. Mais le monde ancien s'écroule. C'est un ordre corrompu que la Réforme dénonce, provoquant de ce fait de grandes guerres de religion.

Ces guerres et les nombreux désordres que le fanatisme religieux déclenche – y a-t-il pire que le fanatisme religieux pour nourrir la violence? – disqualifient en quelque sorte la représentation sacrale de l'ordre ancien. Par ailleurs, la révolution scientifique se met en route. « En partie à cause de la révolution scientifique, l'idée de cosmos s'est effacée et nous

---

12. Charles Taylor, *L'Âge séculier*, Montréal, Boréal, 2011, 1 339 pages.

nous sommes retrouvés dans un univers[13]. » Pour Taylor, le cosmos, au sens qu'Aristote lui donne, englobe la totalité de l'existence et désigne un tout ordonné et hiérarchisé. Mais c'est un monde limité et court où la Terre est perçue comme le centre. L'univers dont parle Taylor est quasi illimité : « [...] ses limites ne se laissent pas facilement embrasser dans le temps et l'espace[14]. »

Pour proposer un nouvel ordre du monde, les penseurs vont utiliser les concepts de nature et de loi naturelle en les changeant de sens. Taylor dit qu'on passe d'un ordre divin, une ontologie, à une perspective reconstructiviste : « [...] le plan est une norme soumise à la raison et non pas sous-jacente à l'être[15]. »

La loi naturelle a changé de sens, mais on utilise le terme, car il confère une aura prestigieuse. L'argumentaire de base ne change pas. « Dieu a fait l'homme rationnel, il l'a rendu social et doté d'un instinct qui lui permet de veiller à sa propre conservation. À partir de là, les normes qu'il a établies sur les créatures sont claires : il faut que les hommes respectent la vie, la liberté et la propriété de chacun[16]. » Sans le dire, on passe déjà de l'hétéronomie à l'autonomie. La nature de l'univers impose en quelque sorte un ordre normatif. Mais cet ordre doit être défini par des agents rationnels. Le déploiement pourra se faire dans le monde de l'économie (*la rareté*

---

13. *Ibid.*, p. 113.
14. *Ibid.*, p. 115.
15. *Ibid.*, p. 229.
16. *Ibid.*, p. 231.

des ressources de Malthus et *la main invisible du marché* de Smith), de la sphère publique et de la démocratie. Taylor appelle « sphère publique » le domaine de l'opinion publique et les façons dont les citoyens discutent de l'ordre social à l'extérieur du pouvoir politique lui-même. Sous le terme « démocratie », il regroupe les questions de la représentation et l'instauration d'un ordre égalitaire impersonnel où le citoyen a un accès direct au pouvoir.

Mon intention n'est pas, dans ce chapitre, de présenter la pensée de Taylor *in extenso*. Elle est présentée dans un énorme travail complexe et touffu de plus de 1 300 pages, dont le propos d'ensemble est la sécularité. Mais l'aperçu sur la loi naturelle est très éclairant puisqu'il fait apparaître que l'expression a changé de sens et s'est principalement concentrée sur la réalité politique.

Présentée à l'origine comme un ordre quasi sacré auquel on cherche à se soumettre (hétéronomie), elle est devenue le terme permettant à la société de faire corps dans une autocompréhension rationnelle et quasi scientifique d'elle-même. La notion a été désacralisée et sécularisée (autonomie). Avec la crise écologique, il est intéressant de voir la notion de loi naturelle effectuer un retour. Pour l'Église catholique, ce retour renvoie à la notion traditionnelle que l'on essaie d'appliquer à la nouvelle cosmologie. C'est périlleux. Mais le même thème émerge au sein du mouvement écologiste sans qu'on perçoive clairement son origine et sa finalité. Il y a là une question à explorer.

L'existence et l'opportunité d'une loi naturelle valable pour tous et toutes demeurent une question d'une brûlante actualité, quel que soit le cheminement intellectuel que l'on prenne pour y arriver. Très peu de penseurs, sauf dans l'Église catholique, prennent maintenant appui sur le principe d'une loi naturelle ou d'un droit naturel pour élaborer des chartes ou des codes, mais la question en soi de l'unicité de la nature humaine et des exigences communes à l'humanité demeure pertinente. Cela inquiète le pape émérite, Benoît XVI, un très grand intellectuel, car il craint une dérive et une atomisation des conduites humaines, ce qu'il appelle le « relativisme moral ». Il fait donc retour à la loi naturelle. Pour le magistère, ce rappel de la loi naturelle survient après une éclipse d'une quarantaine d'années. Quand, après la Seconde Guerre mondiale, on a constaté l'atrocité de la pensée nazie et l'horreur des camps de concentration, on s'est empressé de formuler une charte universelle des droits qui reconnaîtrait la dignité intrinsèque de chaque personne humaine et son inviolabilité. Cette charte a donné le coup d'envoi à une pensée féconde, qui a d'abord fixé les droits de la personne, puis une série d'autres droits dits « sociaux » : droits à l'éducation, à la santé, etc. Dans plusieurs pays, en particulier au Canada et au Québec, cela a mené à la formulation de chartes officielles des droits, inscrites dans la Constitution, et qui ont préséance sur toute loi ou règlement de l'État.

On pourrait donc penser que, même si peu de gens se réfèrent à la loi naturelle en tant que concept formel, tout le monde, en pratique, se rallie à un consensus équivalent autour de la personne humaine, de sa dignité, de ses droits et de ses obligations. Mais même cela est illusoire. Des évènements récents nous ont révélé l'existence de crimes d'honneur au sein de notre société. Une mère aurait tué sa fille parce que cette dernière aurait enfreint les règles de son milieu. Dans un autre cas, une jeune fille et sa mère auraient été exécutées pour l'honneur : la jeune fille aurait eu des conduites répréhensibles avec un ou des garçons. On remarquera, ici et toujours, la lourdeur des interdits sexuels… pour la fille. Et dans plusieurs cas, les mères approuvent !

Dans toute réunion internationale de bon niveau, il y a toujours quelqu'un pour expliquer que le concept de personne est un concept occidental, issu de la pensée grecque et remanié par le christianisme, et que d'autres cultures et systèmes de pensée conçoivent autrement l'être humain et son rapport à la société. Pensons à la pensée chinoise, ou japonaise, ou même à la pensée amérindienne. Il n'y a pas, aujourd'hui, de conception commune de la nature humaine, ni de la justice, ni tout simplement du juste, du bien et du mal. Le concept de loi naturelle n'a plus cours, même si les êtres humains essaient de convenir de normes et de règles communes valables pour tous. Avec les contradictions que l'on connaît. Par exemple, les États-Unis insistent, à l'égard de l'Iran, de l'Iraq et de la Chine, sur la démocratie et les droits de la personne, mais ils ont, pour leur part, réinstauré des pratiques systématiques de torture dans les prisons militaires. La torture est la négation de la dignité intrinsèque de la personne. Quant à la pratique démocratique réelle dans la société américaine, on en connaît certaines failles, dont notamment le financement des partis. Peut-on imposer à quelqu'un la liberté ? Semblablement, peut-on imposer à des sociétés vivant sous un certain régime, de type tribal ou hiérarchique, de passer à la vie démocratique selon la manière dont nous la vivons ? Poser la question, c'est y répondre. La loi naturelle suppose-t-elle la démocratie, et selon quels processus ? Chez les Anciens, en tout cas, la loi naturelle dictait prioritairement l'obéissance à l'ordre établi et à l'autorité légitime. De surcroît, toute autorité venait de Dieu !

Au sein de l'Église catholique, surtout au Québec, l'effondrement du concept de loi naturelle s'est produit lors des débats entourant la sexualité. La question clé des années 1960 fut celle de la régulation des naissances. Dans la situation économique, culturelle et sociale de l'époque, les couples chrétiens ont décidé d'espacer les naissances, en ayant recours soit à des méthodes dites « naturelles », soit à des techniques extérieures, surtout la pilule anticonceptionnelle et le stérilet. L'Église catholique officielle soutenait le principe de l'ouverture de chaque acte sexuel à la vie et à la fécondité et considérait donc comme immoral l'« empêchement de famille ». De leur côté, les opposants argumentaient autour de la fécondité globale du couple (et non de chaque acte isolé), et de la double finalité du mariage (entraide mutuelle et fécondité). Prenant appui sur des données biologiques, ils insistaient sur l'importance de la période d'infécondité du cycle féminin (autour de

22-23 jours sur 28) et sur la dimension technologique de l'être humain : en inventant l'outil et la technique, l'être humain achève sa nature et ne la contredit pas. Une pilule qui étend l'infécondité à tout le cycle biologique de la femme ne fait que prolonger un phénomène déjà présent à l'état naturel.

On remarquera ici le glissement de sens du mot « nature ». Alors que, dans le concept de loi naturelle, le mot « nature » renvoie à la raison humaine, ici le mot nature renvoie à la biologie. Au moment d'écrire son encyclique *Humanæ Vitæ*, en 1968, le pape Paul VI disposait d'un rapport d'experts lui conseillant d'accueillir favorablement le concept de régulation des naissances incluant le recours à la pilule. Paul VI, qui était un esprit tourmenté, semble avoir cédé à des pressions très fortes de personnes du clan adverse. Progressivement, l'enseignement du magistère s'est de plus en plus éloigné du concept de la juste raison comme fondement de la morale naturelle au profit d'une analyse biologique et anthropologique de la sexualité. La « nature » – entendons le biologique pur – est de plus en plus invoquée comme une loi qui surplomberait l'expérience humaine et rendrait vaines la conscience et la raison. L'impasse est totale. On connaît les argumentaires sur les questions controversées que sont le condom, le féminisme, l'homosexualité, le divorce et le remariage ainsi que l'avortement. Cette dernière question est plus complexe, car les tenants de l'avortement voient la question du point de vue de la femme et l'embryon comme partie du corps féminin à l'état encore rudimentaire et non humain – c'était d'ailleurs la position de saint Thomas. Les opposants à l'avortement quant à eux privilégient les droits de la personne humaine à naître, évoquant ici le fœtus comme déjà viable, pour refluer de l'état terminal vers l'état d'origine, c'est-à-dire l'embryon : tout le cycle vital quel qu'en soit le moment. L'avortement n'est pas une question d'éthique sexuelle, mais de bioéthique.

La question de l'homosexualité illustre également bon nombre des apories et difficultés de la loi naturelle. *A priori*, tout semble simple : un homme est un homme, une femme est une femme. L'homme est pour la femme, la femme est pour l'homme. La loi naturelle semble donc ici claire et nette en sorte que les conduites déviantes seraient honteuses, viles et méprisables. Mais cela n'est pas le fait de toutes les cultures. On sait que chez les Grecs, par exemple, au lycée, la relation homosexuelle entre un professeur et ses élèves était fréquente pour ne pas dire usuelle. Citons, parmi bien d'autres, ce passage d'Épictète à propos de Socrate qui ne se lavait pas beaucoup : « Il avait pourtant un corps resplendissant, si plein de charme et d'agrément que les jeunes gens les plus aimables et les mieux nés l'aimaient passionnément et désiraient coucher près de lui plutôt que près des plus beaux hommes[17]. »

La Grèce et Rome ont reconnu une pratique homosexuelle dans les lycées entre un adulte professeur et de jeunes étudiants ayant atteint la puberté. Cette situation n'était toutefois pas confondue avec ce que l'on appellerait aujourd'hui un « mariage gai ». « La pédérastie institutionnelle a toutes les

---

17. ÉPICTÈTE, *Les Stoïciens*, tome 2, Paris, Gallimard, 1962, coll. « Tel », n° 282, p. 1 098. L'éditeur, dans une note, renvoie également au *Banquet* de Platon.

chances d'avoir sa source dans une pratique initiatique qui, dans la civilisation grecque classique, débouche au terme de son évolution sur une relation pédagogique aristocratique que le platonisme videra de ses affects sexuels[18]. »

Dans l'univers biblique, la réprobation de l'homosexualité semble catégorique, malgré l'épisode troublant de l'amitié entre David et Jonathan (*1 S* 20 ; *2 S* 1, 26-27). Paul la condamne avec une sévérité extrême. Il y voit une abomination (*Rm* 1, 26-27). L'arrière-fond de sa pensée me semble s'enraciner dans les règles du pur et de l'impur élaborées dans le *Lévitique*. Pour les auteurs de ce livre, il est important de définir un ordre dans la société. Le désordre est menaçant. Il faut donc catégoriser les choses très nettement et distinguer surtout le pur et l'impur, le normal et l'anormal, le sain et le pathologique. La classification des animaux purs et impurs repose sur une taxonomie animale et une classification des espèces qui font sourire aujourd'hui. On n'est plus ici dans le contexte du raisonnable, mais dans une appréhension de l'horrible, de l'abominable. Dans ce contexte, un homme à hommes ou une femme à femmes, c'est l'horreur. C'est défier la loi de la nature, pourrait-on dire, comme s'il y avait un tabou absolu, infranchissable, un impératif de la nature. En anglais, on dit un *is* qui devient un *ought*, un indicatif qui se change en impératif.

---

18. Jacques Corraze, *L'homosexualité*, Paris, PUF, 1982, coll. « Que sais-je ? », 1976, p. 23.

L'interprétation de l'homosexualité est d'une grande complexité. Le courant dominant me semble celui de la psychanalyse qui interprète l'homosexualité en lien avec l'image parentale, le parent de même sexe étant perçu par l'enfant comme faible et inepte. Mais il y a aussi d'autres interprétations qui prennent appui sur des considérations à caractère biologique ou sur des anomalies hormonales chez l'individu mature ou même à l'époque périnatale. L'hypothèse d'une défaillance génétique ne semble pas fondée : « Aucun gène de l'homosexualité n'a jamais été découvert jusqu'à présent venant expliquer les pensées, les attraits et les comportements homosexuels[19]. » Il n'existe pas non plus de gène de l'hétérosexualité. Plus troublant est le cas des hermaphrodites. Bref, il existe une plasticité biologique et psychique qui donne à penser que l'on trouve, en ces choses, une grande marge de variabilité et un éventail de situations difficiles à décoder : des hommes à virilité très forte et d'autres à virilité beaucoup moins affirmée, voire apparente, des femmes à féminité très marquée et d'autres à féminité moins affirmée. Par ailleurs, l'étude de l'éthologie (science des comportements animaux) montre que dans les espèces animales les cas de figure sont nombreux et que les pratiques sexuelles varient énormément d'une espèce à une autre.

---

19. Michel Lizotte, *L'homosexualité. Les mythes et les faits*, Montréal, Michel Lizotte, 2006, p. 102.

La morale sexuelle traditionnelle repose sur une biologie et une psychologie élémentaires, alors qu'aujourd'hui, nous percevons mieux l'extraordinaire plasticité des conduites sur le plan biologique comme sur le plan sociologique. L'anthropologie, pour sa part, nous informe également de la variabilité des institutions qui encadrent la sexualité, incluant le mariage et la famille, l'interdit de l'inceste et les systèmes de parenté.

Vers une morale naturelle écologiste ?

La morale naturelle traditionnelle, celle qui prétend s'articuler sur une loi naturelle, est une morale de la raison et finalement une morale anthropocentrée. Avec l'émergence de l'écologie profonde (*deep ecology*), l'accent se déplace sur un autre point de vue, centré, par exemple, sur la vie (biocentré), voire sur le cosmos (cosmocentré). Ce dernier mot est lui-même ambigu dans la mesure où le cosmos hérité de la culture grecque est un monde relativement simple et ordonné, alors que l'univers actuel, pour reprendre la terminologie de Taylor, apparaît beaucoup plus complexe et semble s'inscrire dans un contexte où il y a de l'indétermination, du chaos et des effets stochastiques.

En suggérant une morale écologique, on semble opérer un retour à la nature, ce mot désignant le milieu écologique à l'exclusion de l'être humain. On ne se réfère alors plus à un Dieu transcendant et extérieur, mais à une présence immanente enfouie dans la Création. Cela est très présent dans la littérature, principalement dans le romantisme allemand. On se rappellera Lamartine, Vigny, Hugo[20]. La nature est à la fois une providence et un ordre sacré que l'être humain ne doit pas détruire. Il y aurait donc une sorte de moralité immanente, un ordre de la vie dont la perturbation conduirait à la mort. Il y a ici, sur le plan intellectuel, une confusion constante et un va-et-vient entre le respect des conditions de possibilité de la biologie et l'affirmation d'un ordre immuable, transcendantal, que l'humanité ne saurait enfreindre. Le premier ordre relèverait précisément de la biologie et de l'écologie, alors que le second relèverait plutôt de la philosophie ou d'une vision du monde, pour ne pas dire de la mystique.

Un de ceux qui ont le mieux posé la question est Aldo Leopold. Conservationiste et grand amateur de la nature, écologiste avant l'heure, il a proposé d'une manière très lapidaire et claire l'idée d'une éthique de la terre[21]. En anglais, le mot *land* ne signifie pas la terre entière (*earth*), ni le sol (*soil*), mais un territoire, ou mieux, une communauté biotique intégrée. Leopold refuse le concept abrahamique de terre qui renvoie à une volonté d'aménagement. Il conçoit le rapport de l'être humain à la terre plus comme une insertion que comme une domination. Il propose d'abandonner le point de vue strictement

---

20. Il existe de très nombreux ouvrages sur la question de la nature et de ses représentations. Le meilleur me semble celui de Pierre Hadot, *Le voile d'Isis*, Paris, Gallimard, 2004, coll. « NRF Essais », n° 502, 515 pages. Voir aussi Jean Ehrard, *L'idée de nature en France dans la première moitié du XVIIIe siècle*, Paris, Albin Michel, 861 pages.

21. *The Land Ethic* est un petit essai d'une trentaine de pages inséré dans un ouvrage posthume, paru en 1949, et édité par son fils : *A Sand County Almanac*, New York, Ballantine Books, 1970.

anthropocentrique pour un autre regard : « *Examine each question in terms of what is ethically and aesthetically right, as well as what is economically expedient. A thing is right when it tends to preserve the integrity, stability, and beauty of the biotic community. It is wrong when it tends otherwise.* »

On peut traduire librement : « Considérer les choses au point de vue de l'éthique et de l'esthétique autant qu'à celui de l'utilité économique. Une action est bonne quand elle assure la préservation de l'intégrité, de la stabilité et de la beauté de la communauté biotique. Elle est mauvaise quand elle va dans le sens contraire. »

Leopold ne condamne pas *a priori* le propos économique, mais il l'intègre dans une considération plus large. Bien sûr, les critères de stabilité, d'intégrité et de beauté qu'il propose sont très difficiles à évaluer. La stabilité parfaite est impossible, même en situation de climax ; l'intégrité est le reflet d'un moment isolé ; la beauté renvoie à l'idée d'un observateur puisqu'elle est essentiellement un message[22].

Malgré ces limites d'application, l'essai de Leopold va amorcer un grand courant de pensée, surtout aux États-Unis, autour de l'*Environmental Ethics*, l'éthique de l'environnement, sur la valeur inhérente ou intrinsèque de la nature et des êtres qui la constituent, et donc sur la normativité de la nature. On trouve alors souvent des termes qui évoquent la sacralité d'un ordre qui s'impose aux humains, comme si la nature nous parlait.

---

22. Voir François Cheng, *Cinq méditations sur la beauté*, Paris, Albin Michel, 2008, 167 pages.

Les animaux ont-ils des droits? Les arbres ont-ils des droits?
La nature dit… Il y a ici une certaine naïveté, car la nature ne
parle jamais. Il y a toujours un auteur, un écrivain qui parlent
pour elle. Le locuteur parle pour elle et semble parfois ignorer
le fait qu'il est le seul à parler. L'aporie ici ne peut se défaire.
Même un scientifique comme David Suzuki utilise constamment le terme de l'ordre sacré. De tradition bouddhiste, Suzuki
n'est toutefois pas un philosophe, et il utilise probablement le
mot « sacré » dans le sens de précieux, fragile, digne de révé-
rence. Au sens strict, « sacré » est un mot très fort qui interdit
l'intervention humaine.

Plusieurs auteurs ont essayé de radicaliser ce type d'approche
en dépassant l'anthropocentrisme. Je pense, entre autres,
à J. Baird Callicott qui s'est fait l'exégète et le défenseur
de la pensée de Leopold[23]. C'est au philosophe norvégien
Arne Næss que l'on doit l'expression *deep ecology*, écologie
profonde ou radicale. J'emprunte à Jacques Arnould l'énumé-
ration des éléments essentiels de cette pensée :

1. Le bien-être et l'épanouissement des formes de vie
   humaine et non humaine de la Terre ont une valeur
   en eux-mêmes (synonymes : valeur intrinsèque,
   valeur inhérente). Ces valeurs sont indépendantes
   de l'utilité du monde non humain pour les besoins
   humains.

---

23. Sur l'ensemble de cette question, voir mon livre *Introduction à l'éthique de
l'environnement*, Montréal, Médiaspaul, 1993.

2. La richesse et la diversité des formes de vie contribuent à l'accomplissement de ces valeurs et sont également des valeurs en elles-mêmes.

3. L'homme n'a aucun droit de réduire cette richesse et cette diversité, sauf pour satisfaire des besoins vitaux.

4. L'épanouissement de la vie et des cultures humaines est compatible avec une décroissance substantielle de la population humaine. Le développement des formes de vie non humaines requiert une telle décroissance.

5. L'interférence humaine actuelle avec le monde non humain est excessive et la situation s'aggrave rapidement.

6. Les politiques publiques doivent être changées. Ces changements affecteront les structures économiques, technologiques et idéologiques fondamentales. Il en résultera une organisation politique profondément différente de l'organisation politique actuelle.

7. Sur le plan idéologique, le changement tiendra essentiellement dans la capacité à apprécier la qualité de la vie (qui réside dans les situations ayant une valeur en elles-mêmes), plutôt que dans

l'adhésion à des niveaux de vie toujours plus élevés. Chacun aura alors profondément conscience de la différence entre quantité et qualité.

8. Ceux qui souscrivent aux points précédents s'engagent à tenter de mettre en œuvre, directement ou indirectement, les changements nécessaires[24].

Quand j'ai abordé ce type de pensée, il y a une trentaine d'années, j'avoue avoir été horrifié. On y trouve parfois des accents antihumanistes qui font frémir. Mais depuis, j'ai compris qu'il ne peut y avoir de sortie de crise que si la représentation d'un être humain capable de transformer et d'aménager le monde est associée à la volonté d'insertion et d'adhésion de l'être humain au milieu écologique. Il faut parler d'insertion ou d'alliance, ou de coappartenance de l'un à l'autre. Un regard en surplomb mène à l'échec.

Évidemment, à l'occasion, cela peut conduire à certaines formes d'essentialisme. Dans l'écoféminisme, par exemple, une critique de la domination mâle sur la femme conduit parfois à affirmer un ordre de valeurs typiquement féminin. On voit réapparaître des notions proches de l'éternel féminin, une éthique maternante, axée sur le *caring*, l'éloge de la mère Nature, la prévalence du cercle et des formes rondes, l'éloge de la résilience féminine. La femme serait origine, douceur, vie, compréhension, guérison.

---

24. Jacques ARNOULD, « De la Deep Ecology à la Deep Anthropology », *Revue d'éthique et de théologie morale*, n° 261, Hors-série n° 7, Paris, Cerf, 2010, p. 244.

Quand on a été formé comme moi à un féminisme de militance, à la Simone de Beauvoir, on est un peu surpris. La critique sociale dit qu'on ne naît pas femme, mais qu'on le devient par le poids des images sociales et du patriarcat. On peut évoquer Badinter : l'un est l'autre. Ramener le rôle de la femme à un état de nature au nom de sa biologie, n'est-ce pas reproduire le processus qu'on prétend dénoncer ? Décidément, rien n'est simple.

Le rapport dialectique à la nature

Depuis Kant, l'éthique se veut autonome. L'éthique antérieure (on disait plutôt alors « la morale ») était hétéronome, axée sur la loi d'un autre, la volonté de Dieu. Kant conçoit l'éthique comme le produit d'une pensée autonome qui s'insurge contre l'idée d'une loi extérieure et reconstruit de l'intérieur les exigences d'une conduite responsable. D'où sa formulation des impératifs catégoriques : considérer chaque personne comme une fin et non comme un moyen ; adopter des règles de comportement qui peuvent s'universaliser à tous les humains.

Mais cette conception purement intellectuelle de l'éthique n'est pas parvenue à tenir compte de l'ensemble de la complexité humaine et de la crise écologique. D'où les efforts pour réintégrer la nature au sein de l'éthique et de réintégrer l'humain dans la nature. En 1993, le philosophe français Luc Ferry a publié un livre-choc, *Le nouvel ordre écologique*[25]. C'est une dénonciation de l'écologie profonde, de ses abus, de ses positions parfois antihumanistes. Bon connaisseur du romantisme allemand et de la pensée de Hitler et du fascisme, Ferry met en évidence le souci explicite du fascisme pour l'environnement et son caractère raciste. Il établit ensuite un parallèle entre ces dérives passées et certaines dérives de l'écologie profonde. Les éléments de preuve ne manquaient pas : procès sur le droit des arbres, violence de mouvements anarchistes Earth First !, Eco-Warriors, etc. Sa conclusion était simple : la *deep ecology* et, finalement, la militance écologique sont des fascismes qui s'ignorent.

La thèse vaut ce qu'elle vaut. Un retour naïf à la nature peut signifier une régression vers le primitif, la violence. L'œuvre de Wagner est remplie de ces appels aux anciens dieux et aux forces aveugles d'une volonté de puissance. Il est donc sain que les intellectuels nous alertent sur les dérives possibles.

Or, voici que dix-neuf ans plus tard, je prends connaissance d'un autre livre qui reformule exactement les mêmes reproches[26]. L'auteur est manifestement un philosophe savant, enseignant à l'Université catholique de l'Ouest et chercheur au CNRS/Université de Strasbourg. Il y fait une dénonciation totale de la pensée écologiste. Voici quelques titres parmi ceux des 11 chapitres : « Une cosmologie pessimiste » ; « Une forme

---

25. Luc Ferry, *Le nouvel ordre écologique. L'arbre, l'animal et l'homme*, Paris, Grasset, 1993, 160 pages.
26. Stéphane François, *L'écologie politique. Une vision du monde réactionnaire ?* Paris, Cerf, coll. « Politique » 2012, 162 pages.

de pensée réactionnaire » ; « La décroissance » ; « Une ontologie conservatrice » ; « La droite et l'écologie » ; « Les droites radicales et l'écologie radicale » ; « Une écologie ethniciste » ; « Une écologie néo-païenne ».

La thèse de l'auteur est finalement très simple : « En fait, il existe une ligne de séparation claire entre ceux qui défendent l'écologie et ceux qui la refusent : l'acceptation ou non de la modernité des Lumières. Et nous avons montré que l'écologie découlait d'une conception romantique de la nature et d'un refus des Lumières[27]. »

La formulation « ceux qui défendent l'écologie et ceux qui la refusent » est très malhabile : l'écologie est une science, une science difficile et fort complexe qui a acquis ses lettres de noblesse. L'intention du texte toutefois est claire : les Lumières sont indépassables. Mais c'est précisément là que se situe le problème : c'est le monde issu des Lumières avec sa rationalité close, son instrumentalisation à outrance, sa frénésie pour la technique qui engendre la crise. L'intéressant, c'est que l'auteur ne définit pas la crise écologique. On a l'impression, à le lire, que celle-ci vient du fait que des gens en parlent et en parlent politiquement. Mais il n'y a nulle part dans ses propos l'ombre d'une description de la crise réelle dans le milieu écologique. J'imagine que, pour lui, les usines nucléaires sont sans défaillances, les pétroliers n'échouent jamais, les voitures

---

27. *Ibid.*, p. 142.

ne polluent pas, les ordures n'existent pas, ni la désertification ni les changements climatiques. On a l'impression d'être devant un grand intellectuel aux yeux fermés.

Repenser notre rapport à la nature

La crise écologique est le révélateur d'un échec de l'humanité. Un échec de second degré, à savoir l'effet pervers d'une trop grande réussite dans la maîtrise du monde. Il faut donc revoir nos façons d'agir et de penser ce dernier. En fait, le rapport des humains à la nature est dialectique. Nous ne sortons jamais de la nature. Même si la culture s'y oppose, même si la science et la technique permettent de la supplanter, et même de la transformer ou de la réinventer, l'être humain ne sort jamais de la nature. La prétention d'en sortir est précisément le risque inhérent à notre époque. Hans Jonas a posé la question par le biais de l'éthique intergénérationnelle. En détruisant les ressources, nous portons atteinte à la bonne vie de nos descendants, voire à leur survie. Il y a donc une responsabilité à l'égard d'autrui sur un horizon plus large que celui de notre existence personnelle. Ici, la responsabilité éthique est vue sous l'angle des rapports entre les personnes, même si les descendants de demain n'existent pas encore et ne sont pas constitués comme sujets devant nous. C'est, en fait, une responsabilité que nous avons envers nous-mêmes dans la prise en compte de notre historicité. La notion de patrimoine se situe dans le même contexte puisqu'il est ce qu'on reçoit des ancêtres et qu'on lègue aux autres générations en le conservant, et si possible, en l'améliorant. Patrimoine matériel (la terre, l'héritage, les objets), patrimoine immatériel (la tradition, la culture, la science).

Quand nous essayons de repenser l'éthique de l'environnement, il nous faut en quelque sorte penser un retour à la nature sans revenir à une morale de la nature ni faire fi des Lumières. La crise de l'environnement est le dévoilement de l'inadéquation d'une éthique exclusivement anthropocentrique, qui ne considère le milieu écologique que comme un ensemble de ressources à notre disposition. Il faut, comme disait Leopold, abandonner la conception abrahamique du territoire. On ne peut pas non plus se contenter de l'hypothèse du bond en avant, de la sortie de crise grâce à la science, d'un recours illimité et incessant à la science et à la technique. La raison est simple : chaque innovation a ses aspects pervers et son poids écologique, qu'il s'agisse de la ponction sur les ressources, de la production de déchets, ou de la perturbation de l'écosystème. Pour utiliser un slogan des dernières années, il n'y a pas de charbon propre. Dans la vie courante, il n'est pas rare qu'une personne soit malade à cause de ses médicaments. La pollution zéro n'existe pas.

La prétention de la culture scientifique et technique actuelle est de sortir de la nature. Il est possible, effectivement, que par le génie génétique nous puissions engendrer une nouvelle espèce qui cesserait d'être féconde avec homo sapiens sapiens et qui pourrait s'appeler Cyborg, synthèse de l'être humain et de la machine, grâce aux nanotechnologies et autres. Se reproduirait-elle encore par le sexe, ou reviendrait-elle à la solution première de la vie : la reproduction par division cellulaire ? Tout entier créé par la technique, cet être nouveau serait néanmoins un être de la nature soumis comme les autres aux forces à l'œuvre depuis le big-bang (force électromagnétique, force de la gravité, force nucléaire forte et faible), tout comme aux lois de la thermodynamique. On entre ici dans la science-fiction. Peut-on imaginer un être quasi immatériel qui s'alimenterait directement et uniquement à partir de l'énergie solaire ?

Résumons notre propos. La morale naturelle traditionnelle cherche à nous insérer dans un ordre divin (hétéronomie) par la médiation de la raison, mais en considérant les réalités non humaines comme des ressources, avec toutefois des dérives vers un naturalisme biologique dans la régulation des conduites sexuelles. L'éthique moderne tend vers l'autonomie radicale, mais son hyperrationalisme nous coupe du milieu écologique et conduit à l'échec écologique. Un retour naïf vers une éthique de type biologique ou cosmocentrique risque de nous ramener vers un déterminisme qui ignore son origine. D'où l'évocation de fascisme écologique.

Il nous faut donc reconstruire une éthique capable d'assumer la complexité de notre rapport à la nature, dans un regard dialectique où la nature est à la fois une alliée et une étrangère. Elle est nous et autre chose que nous. Elle est en nous et hors de nous. Nous pouvons la vaincre, mais jamais la fuir. Elle se dévoile à nous, mais son mystère demeure. Elle n'est pas simplement la somme des conditions d'existence, mais elle n'est pas non plus tout simplement une mère maternante. Cette mère parfois dévore ses enfants.

Elle est un ordre sacré qui prend parfois plaisir au sacrilège. Elle s'impose à nous en nous suggérant la rébellion. Elle aime la soumission en procurant la liberté. Elle est un long chemin dont le parcours éloigne inlassablement jusqu'à atteindre le point d'origine.

Je ne pense pas que la référence à la loi naturelle soit capable de fonder et de développer une véritable éthique de l'environnement. On en connaît déjà les impasses dans les questions de morale sexuelle. Chercher à l'appliquer à la crise écologique, c'est oublier le fait que l'ancienne représentation du monde (petit, ordonné, fixiste) est révolue et qu'il nous faut faire avec la révolution des Lumières. Dans la crise écologique, c'est le milieu écologique qui fait retour et qui nous oblige donc à repenser l'impensé, à réintégrer l'exclu.

Chapitre 3
Vers une nouvelle violence sacrificielle?

Le rapport des humains à la violence est extrêmement complexe, on le sait. On peut d'abord se demander s'il y a de la violence dans la nature. Il y a certes la compétition des espèces entre elles, ou même, à l'intérieur de chaque espèce, des individus entre eux. Dans ce dernier cas, il suffit de penser au combat de deux mâles pour l'obtention d'une femelle. Pourtant, malgré l'ardeur de la lutte et les blessures qui peuvent en résulter, malgré la puissance de l'agressivité et l'importance des stratégies utilisées par chaque mâle pour s'imposer à l'autre, il est hasardeux de parler ici de violence au sens strict. Règle générale, dans un combat, le mâle qui perd cesse le combat et montre à son adversaire des signes de soumission, notamment en prenant une position de bébé. Ce geste calme l'agressivité du vainqueur, et le vaincu regagne le troupeau en acceptant le statut inférieur qui est devenu le sien. Selon les biologistes, il n'y aurait pas de gain pour l'espèce si la mise à mort s'ensuivait. Mais il arrive, paraît-il, que chez certaines espèces un fautif puisse être expulsé du groupe ou même carrément mis à mort. On dit que cela arrive chez les corneilles quand un sujet chargé de la surveillance d'un site manque à sa tâche. Il est puni par le groupe, qui peut alors le tuer. Konrad Lorenz signale également que les colombes, pourtant symboles de paix – l'animal blanc est beau, l'animal noir répugne –, sont souvent jalouses et querelleuses. Les cas de meurtres au sein d'une même espèce sont rares. Mais une mère laissera mourir un oiseau manifestement malade et le poussera hors du nid. Il arrive que des truies mangent leurs petits. Il arrive aussi qu'un lion qui s'établit en couple avec une lionne ayant déjà des lionceaux tue ces derniers. On pense qu'il veut imposer ses propres gènes, assurer la présence de ses propres descendants en éliminant tout de suite la compétition. On trouve même chez certaines espèces de singes des actes agressifs et des stratégies qui s'apparenteraient à ce que l'on appelle un meurtre chez les humains.

Bref, s'il y a de l'agressivité entre membres d'une même espèce chez les animaux, il y a peu de violence proprement dite. L'intérêt et la survie du groupe seraient alors mal servis.

Il semble par ailleurs y avoir beaucoup de violence entre les espèces, surtout dans le cas d'un prédateur et de sa proie. Un tigre doit tuer pour vivre. En général toutefois les prédateurs attaquent les animaux les plus vulnérables : les vieux, les malades, les nouveau-nés. La prédation est un facteur de régulation d'un troupeau et favorise la sélection des individus les plus vigoureux et les plus adaptés. Même s'il y a sang et mise à mort, il est difficile de parler de violence. Encore que certains comportements étonnent, comme certaines espèces de fourmis qui font des expéditions, que l'on qualifierait volontiers de militaires, qui capturent et maintiennent en esclavage des populations entières. On comprend que la violence humaine s'enracine dans l'agressivité animale.

Un des traits étranges de l'espèce humaine est l'acharnement à la violence : meurtre par jalousie, rivalité, vengeance, mais aussi culture de violence, vendettas, guerres. L'histoire humaine en est remplie. Et par-dessus tout, la torture, c'est-à-dire une volonté délibérée de faire souffrir. Parfois pour obtenir des informations qu'on juge indispensables, mais souvent raffinement gratuit du mal pour le mal, de la souffrance pour la souffrance.

C'est comme s'il y avait une perversité dans l'esprit humain, comme si l'intelligence prenait plaisir à inventer des voies plus raffinées non seulement pour tuer un ennemi, mais pour prolonger son supplice. Volonté d'humilier et d'avilir, de détruire précisément les signes de la commune humanité. Les nazis considéraient les Juifs comme une race inférieure. Le Ku Klux Klan (KKK) en a fait autant sinon plus, sur un laps de temps bien plus long, à l'égard des Noirs. Honteuse histoire humaine : supplice de la roue, de la goutte d'eau, énervation, crucifiement, combats contre les bêtes, cage à tigre, etc. Sur ce point, les animaux sont bien plus sages que nous.

Plus étrange encore est la violence sacrificielle. Au sens strict, le mot sacrifice signifie « rendre saint ». Un sacrifice consiste à retirer quelque chose de l'usage profane pour le faire entrer dans l'ordre du divin. La chose devient alors divine, ou sacrée. Elle devient taboue, interdite, inaccessible. Et pour s'assurer qu'il en soit ainsi, elle est souvent détruite. Elle peut même être consommée lors d'un repas rituel qui scelle en quelque sorte une alliance entre les dieux et la communauté. Par la manducation, la communauté s'identifie tout entière à la victime et devient purifiée. C'était, en tout cas, assez largement le sens des sacrifices dans l'Ancien Testament.

Dans la plupart des religions où le sacrifice est pratiqué, on offre à Dieu des animaux que l'on immole. Tourterelle, colombe, agneau, chevreau, bœuf. On offre à Dieu un animal mâle, sans tache, que l'on tue puis que l'on brûle. Le sang est répandu, parfois aspergé sur le peuple rassemblé. On trouve dans le livre du *Lévitique* de longues descriptions sur les différentes sortes de sacrifices et sur les rituels à suivre. En Israël, le sacrifice humain était interdit – c'est le sens du sacrifice d'Isaac –, mais il était largement répandu au Moyen-Orient. Entre autres, on sacrifiait le premier mâle qui advenait à une famille.

Il n'est pas simple de trouver le sens profond de telles pratiques. Pourquoi des gens se sentent-ils obligés de tuer des animaux précieux pour eux, et même leur premier enfant, pour l'offrir à Dieu ? Cet acte de soumission radicale et d'abandon total à Dieu est-il l'écho d'un sentiment de culpabilité ou d'anéantissement devant Dieu, comme s'il était nécessaire de réparer quelque tort, quelque faute passée ? C'est en tout cas l'interprétation que donne Marcel Hénaff aux sacrifices humains[28]. Selon lui, les pratiques sacrificielles sont à mettre en lien avec

---

28. Marcel Hénaff, *Le prix de la vérité. Le don, l'argent, la philosophie*, Paris, Seuil, 2002, 551 pages.

le mode de rapport établi avec la nature. Il est observé que, chez les cueilleurs-chasseurs, le sentiment religieux est intense, mais que la pratique du sacrifice n'a pas lieu. Le cueilleur-chasseur vit en symbiose au sein d'une nature perçue comme une mère. Le rapport en est un de dépendance et de vénération. Le monde naturel est alors un monde en miroir, et l'être humain se sent tout à fait intégré à celui des plantes et des animaux. D'ailleurs, les âmes migrent d'un état à l'autre. L'animal totémique est un frère et un partenaire. Lorsqu'un animal est pris en chasse et tué pour l'alimentation, on serait plus proche alors de l'échange symbolique que de la domination. L'être humain demande à l'animal sa vie parce que c'est l'ordre des choses. Il y a vénération et échange, mais il n'y a pas domination ni violence malgré la mise à mort inévitable.

Je n'ai pas la culture anthropologique suffisante pour infirmer ou confirmer une telle interprétation, mais on trouve dans certains textes amérindiens des passages assez favorables à cette interprétation. La terre dit : « C'est le Grand Esprit qui m'a placée ici. Le Grand Esprit me demande de prendre soin des Indiens, de bien les nourrir[29]. »

Dans cette vision de l'ordre cosmique, dans l'état de cueillette et de chasse, l'animal donne sa vie et l'homme lui en sait gré d'autant plus que la migration des esprits laisse entrevoir une circulation de la vie en ses différents états. Cet ours, ce chevreuil peuvent être habités par l'esprit d'un parent,

---

29. T.C. McLuhan, *Pieds nus sur la terre sacrée*, Paris, De Noël-Gonthier, coll. « Méditations », n° 141, 1974, p. 20.

d'un oncle, d'un ancêtre. De même, Dieu a donné ordre aux arbres et aux plantes de nourrir et de protéger les humains, lesquels en retour prendront soin de la nature et la respecteront.

Dans les cultures de cueilleurs-chasseurs, il n'y aurait donc pas de sacrifice au sens strict, mais une circulation de don où le tragique de la mort est assumé dans une symbolique d'échange.

Quand arrive l'âge des agriculteurs-pasteurs, une autre étape est franchie. L'être humain ne se contente plus de cueillir et de chasser. Il domestique les animaux et la terre. Désormais, il aménage, délimite un territoire, sélectionne les lignées et les successions. Par essais et erreurs, il modifie la génétique des plantes et des animaux. La culture des fruits est à cet égard tout à fait étonnante, et cette pratique donnera à Darwin l'intuition de la sélection naturelle. La révolution agricole est une révolution gigantesque. Le mode de vie des cueilleurs-chasseurs suppose une intégration radicale de l'être humain au sein de la nature. Il s'agit de prendre ce qu'elle offre, même si la chasse et la pêche supposent une activité humaine intense et le développement de techniques souvent raffinées. Le passage au monde agricole, à l'agriculture au sens strict, et au pastorat, l'élevage d'animaux domestiqués, implique donc un changement d'attitude. Désormais, les humains s'attribuent le contrôle de la vie. Ils structurent et aménagent le territoire. C'est comme s'ils arrachaient à Dieu le pouvoir de la vie. Au lieu de recevoir l'existence de mère Nature, ou de l'Autre, ils deviennent les artisans de leur propre développement. Le rapport à la terre n'est désormais plus le même.

Par rapport à l'âge antérieur, il y a comme une transgression. L'être humain s'approprie une prérogative divine, celle du contrôle de la vie. D'où une énorme culpabilité qui s'exprimerait désormais par la pratique du sacrifice. Pour compenser l'offense faite à Dieu, l'être humain lui offrira donc les prémices de ses récoltes : les premiers fruits, les premières gerbes. C'est la dîme. De même sera immolé le premier animal qui brise le sein maternel. Il en sera ainsi du premier enfant mâle qui advient à un couple.

Le récit mythique du sacrifice d'Isaac – pourquoi dit-on le sacrifice d'Abraham alors que celui qui serait tué est bien Isaac ? – peut être interprété comme le refus et l'interdit du sacrifice humain. Abraham reçoit de Dieu l'ordre d'immoler, de sacrifier Isaac, ce fils étant pourtant le fruit de la promesse. Abraham se soumet à cet ordre absurde, et au moment de procéder au meurtre rituel, un ange lui dit : « N'étends pas la main contre l'enfant ! Ne lui fais aucun mal ! Je sais maintenant que tu crains Dieu : tu ne m'as pas refusé ton fils, ton unique » (*Gn* 22, 12). Levant les yeux, Abraham voit un bélier dont les cornes sont prises dans un buisson. Il l'offre en holocauste à la place de son fils. Dans ce contexte, le récit biblique des origines réconcilie l'être humain avec la pratique de l'agriculture. Le monde n'est plus une terre habitée par des esprits où l'être humain s'insère humblement. Il est comme un champ à cultiver, un espace où peut s'affirmer la créativité humaine : « Dominez la terre et possédez-la. » Abraham n'a pas à se sentir coupable d'être un pasteur-agriculteur. Il n'a pas à tuer Isaac. Mais, pour compenser, il sacrifiera un animal.

En se sentant libre et même glorifié de dominer la terre, Israël rompt avec les cultures agricoles avoisinantes (les néoménies, les rites de fécondité, les cultes à la lune et aux planètes, les idoles qui mêlent les hommes et les dieux) leur préférant un culte radicalement dépouillé, axé sur la transcendance divine. Il sécularise ainsi le rapport à la terre. L'agriculture n'est plus un geste de rivalité à l'égard de Dieu. C'est une vocation, une bénédiction.

J'avoue que je n'épouse pas entièrement, et d'un coup, la thèse de Hénaff. Je ne suis pas sûr que, sur le plan anthropologique, la pratique des sacrifices (immolation de bêtes ou d'êtres humains) n'apparaisse que chez les peuples agricoles. Le cas des peuples autochtones d'Amérique est complexe, car beaucoup sont agriculteurs et d'autres sont des cueilleurs-chasseurs en transition vers l'agriculture. Je pense plutôt, dans le prolongement de la thèse de René Girard[30], que le sacrifice est une mesure pour contenir la violence dans des sociétés où le droit et la justice sont insuffisamment institutionnalisés pour protéger l'ordre social. Le sacrifice est alors un rite pour contenir la violence par la violence et donc permettre à

---

30. René Girard, *La violence et le sacré*, Paris, Grasset, coll. « Pluriel », 1972, 344 pages. Également, *La route antique des hommes pervers*, Paris, Livre de poche, coll. « Biblio Essais », 1985, 188 pages. De bonnes indications également chez Mircea Eliade, *Le sacré et le profane*, Paris, Gallimard, coll. « NRF Idées »,1965, 186 pages.

la société de persister dans l'existence. Il y a, dans le rite sacrificiel, la pratique de laver la souillure par et dans le sang – expression que l'on retrouve dans *L'Apocalypse* à propos de la mort de Jésus –, ce qui met bien en évidence la présence de la violence, en particulier celle du meurtre. Il y a deux grands interdits dans la société : le meurtre et l'inceste. La nature blessée par l'homme est, sur le plan symbolique, une figure féminine de sorte que le meurtre et l'inceste sont apparentés au sacrifice.

Bien sûr, le sacrifice est en général un rite religieux, mais pas uniquement ni exclusivement. C'est aussi un rite guerrier. Certaines nations amérindiennes torturaient des prisonniers dans le cadre de rituels solennels, pas nécessairement religieux, mais très certainement à contenu sacrificiel. Il suffit de relire les récits du martyre d'Isaac Jogues ou de Jean de Brébeuf pour voir cette dimension[31]. Semblablement, chez les Romains, les jeux du cirque avaient un fort contenu sacrificiel : « *Ave, Cæsar, morituri te salutant* : Ceux qui vont mourir te saluent. » L'adversaire battu n'offrait plus de résistance et se laissait trancher la gorge comme une victime offerte. Est-on très loin de cela aujourd'hui dans les sports dits extrêmes et dans la mise en scène de la violence à différents niveaux ?

---

31. Il y a une description tout à fait saisissante de la mise à mort d'un prisonnier chez les Hurons par le père Gabriel Sagard, lors de son séjour chez eux en 1623-1625. Voir Jean Dumont (dir.), *La découverte du Canada*, tome 3 : *Le grand voyage au pays des Hurons*, Montréal, Les Amis de l'Histoire, 1969, p. 141-142.

Les rituels complètement loufoques de la lutte dite profession-
nelle regorgent de violence apparemment gratuite, mais fortement symbolisée.

La thèse de Hénaff sur le sentiment de culpabilité qui incite
au sacrifice tout comme celle de Girard sur la violence nous
mettent sur la piste d'une relecture de la *Genèse* et de la situation anthropologique de l'âge technologique où nous sommes.

Bon nombre d'auteurs situent l'émergence de l'espèce
humaine à environ 250 000 ans. L'apparition de l'agriculture,
de son côté, remonterait à environ 10 000 ans avant notre
ère. L'âge industriel qui est le nôtre remonte à l'exploitation
systématique de nouvelles formes d'énergie et occupe les deux
derniers siècles. Quel sera l'âge suivant : celui de la régression,
de l'âge de l'information, de l'apparition d'une nouvelle espèce
humaine, de la synthèse de l'être humain et de la machine ?

Dans la longue période de la préhistoire, qui s'échelonne
sur près de 238 000 ans, la culture humaine est essentiellement celle de l'insertion au sein de la nature et de l'élabo-
ration des méthodes de cueillette et de chasse. La culture est
principalement nomade puisqu'il faut se déplacer sur le territoire une fois que les ressources locales sont épuisées. Mais le
parcours s'exerce sur un territoire convenu, avec des tensions
inévitables, des guerres et des ententes de paix avec les autres
groupes humains rivaux, adversaires ou alliés. Cet âge n'est
pas primitif au sens méprisant du terme. Au contraire, les
techniques se développent considérablement et l'inventivité

humaine est constamment à l'œuvre tant pour les instruments, que pour l'habitat, le vêtement, les fêtes, l'expression artistique et l'art de la guerre.

On peut penser avec Hénaff et bien d'autres qu'en ce cas, l'insertion de l'être humain dans la nature ne se réalise pas par l'aménagement et la transformation, mais par l'insertion et l'adaptation. Le sentiment dominant pouvait être celui du partage et de la cohabitation au sein d'une même communauté de vie. Il faut certes se défendre et lutter contre les prédateurs et les parasites dans des conditions très variables, compte tenu du climat, de l'altitude, de la diversité du biotope. On peut toutefois penser qu'au-delà de la violence intrahumaine, l'image du monde est celle de la communion, de la soumission et de l'insertion. Âge d'or? Certainement pas. Mais insertion authentiquement humaine dans la nature. Le cueilleur-chasseur est parfaitement humain. Il n'est pas primitif. À sa manière, il domine la nature, il ruse, il transforme. Mais sa perspective est l'insertion. Âge de misère, certes, pour nous qui vivons dans le confort, mais pour le reste, c'est à voir.

La révolution agricole est un évènement extrêmement important dans l'évolution de l'humanité. Le passage à l'agriculture amène la sédentarité, l'apparition des villages et des villes, la diversification des métiers, il permet l'augmentation rapide de la population, provoque l'apparition de l'écriture et de l'histoire, etc. La plupart des auteurs y voient un progrès gigantesque dans le sens de l'humanisation.

Mais d'autres – dont Jared Diamond[32] – pensent qu'il s'agit là d'une victoire fort ambiguë. L'âge de l'agriculture a favorisé l'inégalité au sein des sociétés, la constitution de classes de lettrés, la diffusion des maladies et des épidémies, les phénomènes cycliques de famine, la construction des grands empires, le développement de l'art de la guerre, etc. La révolution culturelle est alors considérable. Au lieu d'en recevoir la vie en s'y adaptant tant bien que mal, l'être humain aménage la nature : il définit un territoire, domestique des animaux, sélectionne des plantes et des fruits et transforme leur génétique. Le regard sur le monde n'est plus du tout le même. Il s'agit désormais de dominer le monde, de le posséder, de le transformer. C'est le passage de l'insertion à l'aménagement. Il y a désormais une tension, une dialectique entre l'espace humain (la ville, le village, le pays) et la nature sauvage (la forêt, le désert, la mer, les îles – tout ce qui n'est pas domesticable). On remarquera qu'au XIXᵉ siècle encore, le mot français « désert » signifiait un lieu sauvage où ne vivaient pas les humains et non pas seulement un territoire ensablé et vide. Une forêt pouvait être un désert, ou l'équivalent anglais de *wilderness* : lieu sauvage. Lorsque j'ai dû fouiller la Bible en profondeur pour comprendre la représentation de l'être humain qu'on y trouve, j'ai constaté avec surprise qu'elle ne soupçonne pas qu'il y ait des populations de cueilleurs-chasseurs. Les récits de Création célèbrent l'homme agricole, comme en témoigne ce récit très naïf et très ancien attribué à la tradition yahviste : « Le jour où

---

32. Voir les trois gros ouvrages de Jared Diamond, publiés chez Gallimard : *Le troisième chimpanzé* (2000), *De l'inégalité parmi les sociétés* (2000), *Effondrement* (2006).

le Seigneur Dieu fit la terre et le ciel, il n'y avait encore sur la terre aucun arbuste des champs, et aucune herbe des champs n'avait encore germé, car le Seigneur n'avait pas fait pleuvoir sur la terre et il n'y avait pas d'homme pour cultiver le sol [...] » (*Gn* 2, 4-5).

Il faut donc être très prudent quand on essaie de présenter la vision biblique de l'être humain en la proposant comme le seul modèle possible et légitime, surtout quand on la comprend dans les limites de notre expérience actuelle. « Dominer la terre » n'a pas du tout le même sens selon qu'on est à l'âge des cueilleurs-chasseurs, à l'âge agricole ou à l'âge industriel. Ce qui était hier une bénédiction peut devenir une malédiction si l'on n'a pas pris le temps de comprendre la crise écologique. L'auteur qui a écrit « Dominez la terre » n'était certainement pas un cueilleur-chasseur.

La remarque de Hénaff est donc suggestive. Si le passage de l'état de chasseurs-cueilleurs à celui d'agriculteurs s'est traduit par un énorme sentiment de culpabilité, qui s'est ensuite formalisé dans une institutionnalisation des rites de sacrifice avec mise à mort et aspersion de sang – une violence sacrée –, la crise écologique actuelle risque fort d'engendrer une relance à l'extrême d'un sentiment de culpabilité. Alors que l'âge technique célèbre cela comme une victoire et une conquête, l'inconscient peut le vivre comme une infraction, un sacrilège, une *ubris*. Toute l'œuvre de Jacques Ellul est à considérer à cet effet comme une protestation contre les mensonges de la technique.

En s'arrogeant les pouvoirs divins de la fécondité de la nature, l'être humain a refoulé Dieu au ciel et s'est institué maître de la terre. Pour compenser cette arrogance, le sacrifice rend à Dieu la compensation attendue pour l'offense faite. On tue donc une victime, homme ou bête, pour réparer l'offense. On connaît sur ce point le discours assez affligeant que reprend d'ailleurs l'*Épître aux Hébreux*. En prenant parti pour l'humanité, la tradition biblique sécularise et justifie l'agriculture et l'attribution à l'homme de forces appartenant autrefois à la divinité. Ne subsistent que quelques tabous relatifs au sang, au sexe (source de vie), aux animaux (le pur et l'impur) et tout le rituel complexe des sacrifices d'animaux. L'héritage chrétien favorisera encore davantage l'autonomisation de l'être humain. La vie librement offerte de Jésus et son passage par la mort-résurrection abolit l'ancienne économie sacrificielle. Là où le péché abonde, la grâce surabonde. Les interdits de nourriture sont complètement éliminés.

Théoriquement, le sentiment de la faute aurait dû être évacué puisque, dans l'économie chrétienne du Salut, prévaut le régime de la grâce et du pardon. L'histoire a plutôt contredit ce bel optimisme. Il suffit de penser à l'Inquisition, aux guerres de religion, à la culpabilisation de la conscience, à la culture de la peur, aux conflits interminables sur la prédestination, la grâce et la liberté pour voir que l'ère sacrificielle n'est pas disparue. René Girard a bien mis en évidence que Jésus a en quelque sorte dénoué la violence en la prenant sur lui. Le sacrifice quotidien est celui de la vie sainte. C'est par le renoncement à la violence que l'on vainc la violence.

Plusieurs indices m'amènent à penser que la crise de l'environnement risque de diffuser un énorme sentiment de culpabilité qui nous relancera vers de nouvelles formes de violence sacrificielles d'autant plus difficiles à décoder que nous voulons nous passer de Dieu. Il y a ainsi un va-et-vient constant entre la rationalité scientifique, souvent close et ignorante de ses propres *a priori*, et une peur incontrôlée. Entendons-nous. Le discours écologiste nous alerte sur la crise écologique, la dégradation du milieu et le péril que cela fait peser sur l'espèce humaine. La crise est bien là pour rester. Il faudra encore quelques générations pour admettre vraiment cette crise et l'assumer. Pour dénouer la crise, il nous faut faire appel à plusieurs types de solutions, dont certaines doivent venir de la science et de la technologie. Mais la science est de plus en plus au service du système en place, lequel est le principal auteur de la crise actuelle. Elle a donc tendance à être exagérément optimiste et à occulter les nouveaux risques qu'elle crée sans toujours le savoir. De son côté, le discours mis en œuvre à propos de la crise n'est jamais pur et innocent. Il est constamment travesti par des intérêts de tous genres – ce qui est inévitable –, et surtout par une angoisse sourde qui est comme l'air du temps, notre mal de vivre. Cela fait en sorte que la crise de l'environnement est à la fois partout et nulle part. Elle est obsédante et dangereuse, mais incernable. Elle n'a pas d'enjeux programmatiques précis et paraît de ce fait ingérable, ce qui accentue son aspect nébuleux et mystique.

Tous les ingrédients sont là pour une nouvelle religion[33] qui intégrerait la nouvelle physique et l'astrophysique – on pense à la secte de l'Ordre du temple solaire de Di Mambro et Jouret, qui a d'ailleurs pris fin dans un sacrifice rituel total – au sein d'une nouvelle cosmogonie. Pour éclairer mon propos, je formule cinq propositions :

— le retour en force du sentiment de culpabilité;

— la blessure infligée à mère Nature;

— le pollué en tant que tabou moderne;

— les sacrifices animaux innombrables;

— la complaisance envers la violence.

Le retour en force du sentiment de culpabilité

Il m'arrive de dire en blague, en conférence, qu'au temps de ma jeunesse, on nous mettait beaucoup en garde contre la pollution. La pollution nocturne, bien sûr. La morale chrétienne traditionnelle – qui au fond était la morale de la société environnante – gravitait autour des 3 K allemands : *Kirche* (l'église), *Küchen* (la cuisine), *Kinder* (les enfants). Morale de la relation courte qui portait sur les devoirs de piété, l'univers domestique et l'éducation des enfants. Le vocabulaire québécois, assez trivial, parlait de trois péchés : le sec, le mouillé,

---

33. Le mot religion n'est pas employé ici dans le sens courant, mais il désigne un ordre symbolique qui surplombe la société et impose des rites et des conduites.

le poilu, c'est-à-dire le sacre, l'alcoolisme et la sexualité. En réalité, la morale courante était effectivement obsédée par le sexe et les devoirs de piété. Mais elle avait aussi une solide dimension sociale, insistant sur les méfaits du vol, l'obligation de payer l'impôt, le souci des pauvres, l'interdit de la violence.

Dans la joyeuse débandade de la Révolution tranquille, cette culture s'est perdue. Il était interdit d'interdire. Essentiellement, c'est l'interdit du sexe qui a sauté, mais aussi toute référence à l'hétéronomie. Nous sommes à l'ère des droits, pas à celle des devoirs et responsabilités. L'éthique a pris la relève de la morale, et l'éthique en général se dilue dans la discussion. Par bonheur, il y a des scandales à la tonne qui nous rappellent que frauder est toujours frauder, que mentir est mentir et que le viol est toujours violence.

Or, la crise écologique nous jette à la face une accusation incroyable. Nous sommes des pervers et des assassins. Nous ne sommes plus les innocents des années 1950 qui ont traversé la crise, puis connu les rationnements du temps de guerre et qui ont enfin pu respirer en s'achetant une auto, un téléviseur, des robes de couleur. Nous ne sommes plus les touristes émerveillés de l'Expo 67 chantant : « C'est le début d'un temps nouveau, la Terre est à l'année zéro […] le bonheur est la seule vertu. »

Voici votre garçon de dix ans qui scrute ce que vous mettez dans votre bac de recyclage, votre fille qui observe et calcule l'eau qui coule pendant votre rasage. La crise de l'environnement se vit désormais sous le signe de la culpabilité. C'est d'ailleurs une tendance – que je déplore – de certains milieux éducatifs d'inciter les enfants à « éduquer » leurs parents en ce qui concerne le papier, l'alcool, la cigarette, l'auto, l'eau et *tutti quanti*.

Le jeu des enfants n'est pas d'ailleurs insincère malgré les contradictions de leur âge. Ils ressentent la crise comme un péché absolu, délétère. Un vrai péché mortel. Ils s'émeuvent de la pollution, des contradictions urbaines, des gaz de schiste, de l'élevage animal, de l'érosion des terres agricoles, de la déforestation, du nucléaire, de l'Amazone, des récifs de corail. Instinctivement, ils comprennent le lien intrinsèque entre la crise écologique et la crise sociale. Ils sont altermondialistes. Ils perçoivent comme des causes personnelles les débats des militants écologistes.

Il me semble que les sentiments dominants sont alors la culpabilité, la désolation, presque la désespérance. Je connais nombre de biologistes qui ne veulent pas faire d'enfants. Ils ont honte d'être des humains, cet animal à deux pattes qui saccage tout.

La crise de l'environnement est essentiellement la figure du mal aujourd'hui. Il n'y a que les hyperconservateurs pour nier la gravité de la crise. C'est devenu notre péché originel. Et ce l'est d'autant plus pour nous que nous faisons partie du club des grands consommateurs.

Le plus difficile en cela c'est que la culpabilité est globale et diffuse. Suis-je personnellement responsable de la décision de monsieur Harper de ne pas honorer les engagements du Canada à l'égard du protocole de Kyoto ? D'accord, j'ai une auto. Je crois en avoir légitimement besoin. Mais j'ai une petite cylindrée et une transmission manuelle. J'essaie de modérer mes transports, de marcher, de prendre le métro. J'utilise beaucoup de papier et je n'aime pas l'ordinateur. Et ainsi de suite. Il me faut alors interroger mon niveau de vie et mon style de vie. Mon café est-il équitable, mon vin biologique ? L'étoffe de mon complet vient-elle du Pakistan, fabriquée par des enfants esclaves ? Je suis pris dans un engrenage si complexe que je ne peux défaire une à une toutes les anomalies de mon existence, de la distance entre ce que je sais souhaitable et les choix véritablement accessibles. D'où les contradictions de ma vie. J'en viens donc à penser que mon existence est illégitime. Suis-je finalement coupable d'exister, d'être encore vivant à soixante-quatorze ans et plutôt en forme malgré une enfance maladive ? Peut-on vivre innocent à mon âge quand, dans bien d'autres pays, l'espérance de vie n'atteint pas quarante ans ? On peut poursuivre cette dialectique à l'infini. Mais en quoi un malheur de plus – mon suicide, ma mort – contribuerait-il au bonheur universel ?

En l'état actuel, il n'y a pas simplement un climat d'alerte : attention, quelque chose va mal... C'est quelque chose d'infiniment plus lourd. Une accusation. Ce qui se produit là – entendons la crise – est une erreur, un écart, un faux pas. Il s'agit d'une déviance : c'est aller contre l'ordre des choses.

Un ordre sacré pour certains, un équilibre naturel pour d'autres. Parlons alors d'une faute, d'un manquement à l'égard d'une loi que nous aurions dû connaître, mais que nous avons oubliée dans notre empressement. Mais il y a pire encore. Derrière la loi, il y a mère Nature. Ne le savais-tu pas ? C'est ta mère que tu as blessée, violée ou tuée. Voilà désormais le péché primordial. Le péché originel, ce déjà là du mal qui nous précède, s'actualise et s'amplifie à mesure que je consens à la société dévoratrice dont je fais partie. Plus je me débats, plus je m'enlise. Il y a ici une spirale de la culpabilité. J'avale goulûment la publicité qui m'incite au crédit, au gaspillage, au consumérisme, et je refoule donc plus loin encore dans l'inconscient cette perception coupable de l'anomalie de ma vie. Comme l'ivrogne qui boit pour oublier qu'il boit.

La blessure infligée à la Terre mère

Dans un monde sécularisé et radicalement rationaliste, Dieu ne fait plus partie du décor. C'est une hypothèse dont nous n'avons plus besoin. Et pourtant, une figure émerge du fond de l'inconscient, la mère Nature, ou la Terre mère. On pense au livre fétiche de Lovelock[34], *Gaia*, divinité dérivée de la déesse grecque Gê, ou Terre (qui fournit le préfixe géo à tant de mots). Évoquant les processus de régulation interne de l'écosystème, un système homéostatique qui cherche à construire ses équilibres et à les restaurer lorsqu'ils sont perturbés, Lovelock conçoit la Terre dans son ensemble comme un être vivant

---

34. J.E. LOVELOCK, *La terre est un être vivant. L'hypothèse Gaïa*, Paris, Éditions du Rocher, 1986.

auquel il attribue finalement des caractéristiques divines : la conscience de soi, l'information intégrale (un système cybernétique), la toute-puissance. Ainsi, il suggère que la Terre a pu contempler son beau visage grâce aux yeux des astronautes qui ont pu la photographier. On a l'impression d'être dans un conte de fées, dans un mythe fondateur. Mais l'auteur est aussi un scientifique fort bien informé. Sa thèse n'annonce pas la mort de la Terre, mais plutôt celle de l'humanité. Si les humains font trop de folies, Gaia devra se défendre et éjectera l'humanité hors de la vie. Les instruments de sensibilisation à l'environnement font constamment référence à Gaia. Elle est, notamment pour les enfants et les adolescents, une figure essentiellement féminine et maternelle. On retrouve ici, mais dans un autre registre, le thème antique de la Terre mère, constamment repris dans les textes amérindiens. « Vous me demandez de labourer la terre. Dois-je prendre un couteau et déchirer le sein de ma mère ? Mais, quand je mourrai, qui me prendra dans son sein pour reposer[35] ? » Nous retrouvons ici de très grandes figures animistes, qui rappellent le romantisme allemand, mais également la mythologie ancienne, Gaia, Déméter, qui renvoie à un contexte agricole, Aphrodite et la figure d'Isis aux nombreux seins qui se dévoile, mais ne se livre jamais entièrement[36], symbole du mystère insondable et objet livré à la science. Nous sommes ici, on le voit, dans l'originaire.

---

35. T.C. McLuhan, *Op. cit.*, p. 70.
36. Voir Pierre Hadot, *Le voile d'Isis*, Paris, Gallimard, coll. « Folio Essais », 2004, 515 pages.

Dans les milieux écologistes, dans nombre de prières ou de rituels, on évoque ainsi très souvent la souffrance et les douleurs de la Terre. Parfois, il s'agit d'une simple métaphore, comme le cri de la Terre et des pauvres, mais parfois on a l'impression d'une fusion intime avec la nature. Par exemple, dans certains rituels, on offre au participant de l'eau qu'il doit répandre sur son visage pour lui rappeler que la Terre souffre de toutes les douleurs que les humains lui infligent. Labourer la terre, c'est déchirer le sein de sa mère. Le symbolisme sexuel est souvent plus cru : c'est le viol de la nature, la charrue renvoyant au pénis. Ici, la nature et la femme sont toutes deux victimes du mâle. Et ainsi de suite.

On est en présence d'un sacré qui fait un retour, parfois simple évocation poétique, mais la plupart du temps charge symbolique intense. La Terre crie, pleure, souffre, hurle, dénonce. Elle va mourir de la main de ses propres enfants, tuée par ceux qu'elle a fait naître. Cette violence assassine est d'ailleurs toujours attribuée à l'humain en tant que mâle. On pense à Œdipe et à Jocaste, viol de la mère !

Dans un monde qui ne croit plus au péché, il est fascinant de voir la profondeur de l'accusation et du sentiment de culpabilité qui est vécu et pour lequel, finalement, il n'y a pas d'exutoire.

À la crise écologique, on essaie de répondre par des programmes, des politiques, des conventions, des lois, des interdictions, des innovations scientifiques et techniques. Mesures indispensables. Mais le sacré nié et refoulé me semble faire constamment retour dans la psyché collective. Et il resurgit de la mauvaise façon, par une culpabilité globale et indifférenciée qui s'exprime par des pulsions violentes souvent sans objet. Je pense à la musique *heavy metal*, aux excès des raves, où la cause écologique est souvent évoquée, mais dans un instinct de destruction.

Le pollué en tant que tabou

Notre société a inventé une science nouvelle et très complexe qui s'appelle l'« évaluation du risque[37] ». Celle-ci intervient en général avant la réalisation d'un projet. Autrefois, on réalisait des projets que l'on croyait opportuns, puis, en constatant ensuite les dommages et les effets négatifs, on essayait d'apporter les correctifs, *post factum*. Depuis une trentaine d'années, on fait le contraire. Avant la réalisation d'un projet, on réalise une étude prédictive qui va permettre d'identifier les risques rattachés au projet prévu, d'analyser la dangerosité des produits ou des procédés utilisés, de mesurer l'exposition, d'étudier les diverses solutions possibles et de quantifier finalement le risque. À l'origine, les experts prétendaient parvenir à déterminer les risques acceptables, mais les innombrables débats sociaux et le développement de la psychologie de la perception du risque ont mis à mal cette prétention.

---

37. Sur cette question, voir mon livre *Gérer le risque, vaincre la peur*, Montréal, Bellarmin, 1996, 187 pages.

Toute étude de risque est un exercice périlleux et difficile, mais qui s'impose absolument dans ce que l'on appelle une « procédure d'évaluation et d'examen des impacts ». Le terme est entré dans le vocabulaire courant, et il n'est pas de projet pour lequel on ne demande une étude d'impacts préalable. Quand divers promoteurs suggèrent quelques grands travaux (route, ligne électrique, exploration de gaz de schiste, développement du Grand Nord, barrages, etc.), tout de suite, une évaluation des impacts et du risque est demandée, évaluation qui postule toujours également la consultation du public. Il n'y a pas d'évaluation achevée sans consultation publique. C'est l'enfance de l'art, même si nombre de promoteurs et de politiciens essaient de l'éviter au nom de l'expertise et au mépris de la connaissance des citoyens. Sur ce point, la culture politique régresse depuis quinze ans.

La question du risque est en fait d'une grande complexité et d'une profonde ambiguïté. Un risque est une probabilité que des effets négatifs surviennent. Le risque est le calcul du danger.

Dans notre milieu, le risque est à la fois valorisé et craint. Il est très valorisé dans la vie individuelle en tant que choix privé. Il suffit de penser à tout ce que l'on qualifie d'« extrême » : sport extrême, sexe extrême et autres. Des gens prennent des risques inouïs dans leur vie personnelle : auto, drogue, tatouage – parfois dans quelles conditions –, sexe non protégé, cigarettes, prothèses en tout genre, prise d'anovulants, etc. Le risque est alors valorisé.

Dans la vie collective, c'est exactement le contraire. Nous exigeons un maximum de protection. D'où la résistance et la peur féroces devant des dangers et des risques parfois incertains : champs électriques et magnétiques, incinérateurs, amiante, éoliennes, etc. Bien sûr, la perception joue ici un rôle majeur. Entre un risque personnel assumé avec courage (la motocyclette, le parapente, le parachutisme) et un risque imposé par la société, il y a un monde de différence. C'est comme dans la fable de la besace : entre soi et autrui, il y a un fossé. Cyrano de Bergerac le dit bien dans sa célèbre tirade du nez : « Car je me les sers moi-même avec assez de verve, mais je ne permets pas qu'un autre me les serve. »

Notre refus radical du risque imposé s'enracine dans une peur viscérale de la société technicienne dans laquelle nous vivons. Il y a trop de polluants et de risques nouveaux, et tout va trop vite. Il y a ici un sentiment d'apocalypse qui englobe tout, depuis les additifs alimentaires, les OGM et le nucléaire jusqu'à l'eau potable. Il se produit ici un paradoxe : plus la science se veut rigoureuse et précise avec des niveaux de rigueur incroyables – on mesure des polluants jusqu'à 1×10^{-12} –, moins les gens y croient. Mais en retour, ceux-ci prennent des risques insensés qui leur plaisent : vitesse, drogue, tatouage. Nous sommes tous un peu schizophrènes, preneurs de risques dans notre vie personnelle, mais révoltés à l'annonce d'un risque imposé par la société. Même l'éolienne, une technologie perçue globalement comme douce et opportune, soulève des passions et des craintes énormes quand vient l'heure d'en implanter un projet. D'où la lamentation rituelle des développeurs de se trouver en présence d'une société bloquée.

En fait, le risque est aussi un construit social. Mary Douglas, la grande anthropologue américaine, a beaucoup étudié ce phénomène. Elle donne l'exemple de la tribu des Himas, en Ouganda, qu'elle a observée. Il y a interdiction pour les femmes d'avoir tout contact avec le bétail, sans quoi celui-ci tomberait malade et mourrait. Ceci a pour effet, bien sûr, de marginaliser la femme. La croyance en cet interdit structure radicalement la vie sociale. Voici un cas où la société dicte un interdit qui semble rationnel, mais dont la validité n'est pas démontrée. Le risque est alors très clairement un construit social.

Devant une telle évocation, on dira tout de suite que, précisément, notre société a vaincu les interprétations mythiques et que la science permet une approche plus rationnelle et plus vraie des choses. À mon sens, il est permis d'en douter.

La peur écologique est scientifiquement fondée et démontrée même si, faut-il le rappeler, ce n'est pas la Terre qui est en péril, mais l'espèce humaine. Tant les accidents technologiques que l'apparition de milliers de nouvelles substances chimiques, dont plusieurs sont délétères, fondent la méfiance actuelle. Mais il faut comprendre également la dimension symbolique de la question : le pollué est le tabou de notre époque. Toutes les catégories du sain et du malsain, du pur et de l'impur se concentrent dans le concept de pollution. Dans la gestion du risque, nous essayons de régler par des formules mathématiques des questions qui ressortissent davantage de l'ordre symbolique. Dans les grands projets, c'est la société qui est mise à l'épreuve. Les tabous se sont déplacés, mais ils sont toujours présents. Ils ne portent plus sur le sexe, mais sur des catégories plus mouvantes qui redisent pour aujourd'hui le pur et l'impur. Le plomb, l'arsenic, le lisier de porc, le bruit, les pluies acides : tout est dangereux. La pollution zéro n'existe pas. Même les îles lointaines où nous voudrions nous sauver sont polluées, les récifs de corail se dégradent et le plastique flotte partout. Le mythe du progrès inéluctable par la science et la raison vient battre la grève de nos désillusions : le mal est toujours là. Au fond, pour générer l'angoisse, il suffit d'évoquer l'image du pollué. Le pollué déborde alors l'espace proprement scientifique. Il devient l'interdit, le tabou dont on a peur même sans savoir pourquoi. Sur ce point, ma longue pratique de la consultation publique m'amène à penser qu'ici la science est en porte à faux. On essaie de régler par la science une question qui, en dernier ressort, n'est pas de l'ordre de la science.

La première audience publique du BAPE que j'ai présidée en 1983 portait d'ailleurs sur une controverse émergente : les risques associés aux champs magnétiques et électriques des lignes de transport d'énergie électrique. Depuis, malgré trente ans d'études, on n'a sur ce point encore rien trouvé de clair et d'irréfutable, même si les préoccupations sont passées des lignes de distribution aux lignes de transmission, aux appareils domestiques, aux antennes de diffusion, etc. L'Organisation mondiale de la santé (OMS) ne sait pas quoi faire avec une telle controverse et finit par classer l'exposition aux champs comme possiblement cancérigène. Mais le même citoyen qui dénonce avec conviction l'implantation d'une antenne au clocher de son village pourra utiliser constamment son cellulaire ou brancher son iPod pour la nuit. Cette attitude double standard est facile à comprendre : courir un risque à titre personnel, c'est tirer un bénéfice immédiat et refouler l'éventualité du danger à plus tard. Ainsi fait le fumeur alors que la cigarette est l'un des pires cancérigènes qui soient. Mais s'il s'agit d'un risque imposé par la société, quelle qu'en soit l'ampleur, sa présence est illégitime. La nuisance ou le danger sont immédiats, le bénéfice est futur et partagé avec trop de gens.

Quand on demande à un scientifique d'évaluer le risque, il va mettre en œuvre un ensemble de disciplines pour le mesurer et le quantifier; par exemple, risque d'apparition d'un cancer supplémentaire dans une population de 50 000 habitants, sur une période de 70 ans. Allez dire cela, dans une assemblée publique, devant la mère d'un enfant de six ans souffrant de leucémie, qui est convaincue que le risque dont on parle est la cause de la maladie de son enfant ou qu'il est susceptible de l'aggraver.

La mère n'est ni folle ni irrationnelle. Elle a même parfois parfaitement raison. Mais même si sa méfiance n'est pas scientifiquement fondée, elle a peur et ressent un sentiment d'injustice. Il y a ici un mal dont elle n'arrive pas à saisir la cause. Au-delà de l'appareil scientifique, le pollué est le déjà-là du mal, une anomalie que l'on ne parvient pas à extirper. La réaction de peur s'enracine ici dans deux perceptions : la perception de l'injustice de la société à son égard, et la perception d'un désordre intrinsèque de la nature. Ce n'est pas la science qui est en jeu. C'est d'abord le lien social qui est mis à l'épreuve quand un citoyen est tenu par la société d'assumer un risque au bénéfice de l'ensemble de la société sans en tirer de bénéfices personnels mesurables. Comme par hasard, les projets à risque aboutissent toujours dans les bas quartiers, jamais dans les beaux quartiers ! L'autre aspect est plus complexe. Le pollué est le tabou, ce dont on ne peut parler, mais qui fait le bonheur ou le malheur. C'est la figure du mal et de l'interdit qui n'a plus aujourd'hui de mots pour se dire.

Le sacrifice d'animaux innombrables

Dans la très longue lignée de la vie, l'animal est à la fois notre ancêtre et notre frère. Évoquons l'immense travail de l'évolution pour mettre en place les différents mécanismes du corps animal : la mobilité, la digestion, les membres, les ailes, les mains, les pieds, la fourrure, la dentition, le système nerveux, le cerveau. La nature bricole au hasard, dit Stephen J. Gould. Il n'y a pas de plan préétabli, mais chaque pas nouveau dessine un chemin où la vie s'engouffre. Y a-t-il en cela non pas un terme précis achevé ni un modèle déjà en place, mais un principe inhérent à la sélection ? Lutte pour la vie, victoire du plus adapté ? Ou d'une manière plus subtile encore, une pulsion vitale, une force semblable aux forces identifiées par les astrophysiciens (force de l'électromagnétisme, force nucléaire forte et faible, force de la gravité) ? Y a-t-il une finalité intrinsèque, une entéléchie, ou comme disent certains, un principe anthropique qui pousse la vie d'un côté plutôt que d'un autre ? Tout cela dessine-t-il un parcours, ou s'agit-il d'un simple jeu charmant, mais illusoire ? Teilhard de Chardin a essayé de formuler une loi de la complexité-conscience qui mène l'évolution, dans la mesure où les vivants qui prennent cette route vont finalement plus loin que les autres. Débat interminable qu'on retrouve sans cesse. Une truite vaut-elle plus qu'un crapet-soleil ? Plus au nom de quoi ? Plus pour qui ? Y a-t-il un observateur qui peut s'abstraire du monde où il est pour juger et décréter d'un progrès ou d'un recul ? L'animal humain est-il un accomplissement ou une aberration ?

« *E pur se muove.* » Et pourtant, elle tourne, aurait dit Galilée devant ses objecteurs qui croyaient à la centralité de la Terre dans le monde céleste d'autrefois. L'animal humain a toujours l'impression d'avoir franchi un seuil et d'avoir brisé le cadre trop étroit de la vie avant son arrivée. Victoire sur le temps, sur le silence, sur la matière.

Sur le plan de la pure rationalité, il est très difficile de dénouer cette aporie. Car se contenter du hasard, c'est en quelque sorte nier la pulsion qui nous pousse à définir le hasard, à l'affirmer et à le transcender dans un tragique absurde.

> Gémir, pleurer, prier est également lâche,
> Fais énergiquement ta longue et lourde tâche
> Dans la voie où le sort a voulu t'appeler,
> Puis, après, comme moi, souffre et meurs sans parler.
>
> Alfred de Vigny, *La mort du loup*

En sortir trop vite en affirmant une finalité intrinsèque, un destin providentiel, c'est s'engouffrer dans un providentialisme naïf, créer un *deus ex machina* qui ne rend pas compte de l'énorme complexité des choses. Croire en Dieu n'est pas une réponse facile et naïve. C'est une réponse tragique.

Dans ce contexte l'animal est notre double. Il est ce qui nous tire vers le bas, la bête, ce qui nous accompagne – en particulier l'animal domestique –, ce qui nous dépasse par certains aspects (l'oiseau, le lion, l'animal totémique). Pas de surprise donc que, dans l'ordre sacrificiel, l'animal prenne notre place. Nous avons évoqué précédemment l'hypothèse de Hénaff sur le sentiment de culpabilité lié au passage de l'agriculture et conduisant à l'instauration du sacrifice. Dans l'ordre du sacrifice, l'animal est la victime subsidiaire, rituelle et courante. « Posez la main sur la tête du sacrifié (un animal), il va être agréé pour votre expiation » (*Lv* 1, 4 ; Nouvelle traduction).

Qu'il s'agisse d'un holocauste, d'un sacrifice de communion, d'un sacrifice pour le péché, que la bête immolée soit ensuite brûlée ou partagée pour un repas, le sens est toujours le même : l'animal remplace l'être humain devant la juste colère de Dieu. Le rite du bouc émissaire (*Lv* 16) est encore plus explicite. Le bouc, choisi au hasard, n'est pas immolé au temple, mais il est chargé du péché du peuple : « Aaron lui posera les deux mains sur la tête et confessera à sa charge toutes les fautes des Israélites, toutes leurs transgressions et tous leurs péchés. Après avoir ainsi chargé la tête du bouc, il l'enverra au désert [...] et le bouc emportera sur lui toutes leurs fautes en un lieu aride » (*Lv* 16, 21-22 ; traduction Bible de Jérusalem).

On peut traiter ces rituels de primitifs et de barbares. Le grand Claude Lévi-Strauss a eu à cet égard des paroles assez méprisantes. Au-delà du sentiment de culpabilité, ces rituels dévoilent un va-et-vient de l'animal et de l'être humain, une communauté de figuration comme si l'un était l'autre.

Dans un moment de grande dépression, une amie a cessé d'alimenter son serin qu'elle aimait pourtant bien. Un jour, elle l'a trouvé mort au fond de sa cage et elle a compris : « C'était lui ou moi. » Elle a réalisé sa propre aspiration à mourir à travers la mort de son animal préféré, et par ce rituel tout à fait inconscient elle a pu revivre.

Délivrés que nous sommes des noirceurs anciennes, nous avons cessé, fort heureusement, les sacrifices d'animaux[38]. Nous avons aussi développé une relation objectivante et de plus en plus utilitaire avec les animaux, notamment ceux qui sont voués à la recherche et ceux qui sont consacrés à l'alimentation humaine. Le porc dit « industriel » n'est plus qu'une usine à viande ; la poule dans sa cage qu'une machine à pondre ; la vache, une machine à lait. L'animal n'a plus de nom, sauf le reproducteur génétiquement doué, comme Starbuck, et la viande offerte sur nos étals ne s'insère dans aucune histoire personnelle.

---

38. Je suis toutefois porté à penser qu'il y a un reste de rituel magico-religieux dans les abattages casher et halal.

Deux évènements toutefois ont ébranlé nos certitudes : les crises de la vache folle et de la grippe aviaire. Normalement, la vache est un herbivore et se nourrit exclusivement de végétaux. C'est d'ailleurs le propre des ruminants qui ont à cette fin quatre estomacs : la panse (ou rumen), le bonnet, le feuillet, la caillette. Étant donné qu'on nourrit de plus en plus les vaches avec des moulées, on a réussi à introduire dans ces moulées des protéines animales, ce qui a semblé donner de bons résultats pour l'engraissement. On a alors introduit dans les diètes animales des protéines de mouton préalablement chauffées pour les stériliser. L'histoire a fait que, pour des raisons d'économie, on a insuffisamment chauffé les protéines de moutons qui souffraient d'une maladie cérébrale surnommée « la tremblante du mouton ». Des vaches en ont été atteintes, devenant des vaches folles souffrant d'encéphalopathie spongiforme bovine. Il semble bien que cette maladie se soit ensuite transmise à l'être humain dans une nouvelle variante d'une maladie rare, mais connue, la maladie de Creutzfeldt-Jakob.

La crise de la vache folle a déclenché une véritable panique, surtout en Europe. Comme on ne connaissait pas d'où venaient exactement les vaches contaminées ni les réseaux de distribution impliqués, on a tué à l'aveugle des milliers de bêtes et détruit leurs carcasses pour s'assurer qu'aucun humain n'y ait accès. La très grande majorité des bêtes tuées n'étaient pas contaminées, mais le marché était dans une telle panique que c'était la seule manière de rassurer les gens. Dans un monde où un milliard d'humains souffrent gravement de la faim, la mesure semble complètement irrationnelle. La vache folle nous a rendus fous d'une autre manière.

Notons en passant que ces grands processus d'assainissement du marché ne sont pas toujours économiquement innocents. Dès l'apparition de deux ou trois vaches folles dans les troupeaux de l'ouest du Canada, le marché américain a immédiatement été interdit au bœuf canadien, d'où qu'il vienne, pour des motifs nobles de santé. L'enquête a montré que les vaches incriminées avaient aussi vécu aux États-Unis. Finalement, l'interdiction américaine avait des visées protectionnistes. Les alertes sanitaires et écologiques ne sont pas toujours pures. Il y a quelques années, des études scientifiques ont insisté sur l'impact écologique des barrages hydro-électriques. Elles étaient subventionnées par le lobby du charbon. La fièvre aphteuse chez le porc québecois lui a fermé le marché japonais. Et ainsi de suite. Il n'y a jamais ici de stratégies parfaitement transparentes, mais un jeu complexe d'intérêts nobles et moins nobles, rationnels et irrationnels.

Dans le cas de la grippe aviaire, il s'agissait surtout d'épidémies dans les populations de poulet d'Asie, surtout de la Chine. Là encore, l'hécatombe a été terrible et très éprouvante pour des paysans qui ne comprenaient pas le caractère systématique et implacable de telles opérations.

Je ne nie pas le côté rationnel et scientifique de telles actions. Le tourisme intensif, la mondialisation des économies et des échanges, les migrations accélérées des populations, l'absence d'isolats humains, la rapidité des transports, la surpopulation, tout cela favorise la diffusion des maladies et les risques de pandémie. On l'a vu en 2010 avec la crise de la grippe H1N1. Les milieux de la santé sont toujours sur un pied d'alerte parce qu'un jour ou l'autre, une pandémie sera la vraie et fauchera les gens par milliers sinon par millions. Se souvenir de la peste noire, de la variole, de la grippe espagnole.

Mais en même temps, il faut observer les mécanismes de la peur, voire de la terreur, et l'extrême violence des mesures mises en œuvre pour faire face aux crises. Sur le plan du rituel, dans un monde qui se veut tout à fait rationnel, on peut voir dans ces mises à mort systématiques d'animaux, pour une très grande part purs de toute contamination, un immense rituel sacrificiel.

En dehors de toute croyance religieuse, nous sommes en présence d'un profond sentiment de culpabilité d'avoir enfreint les limites à l'intérieur desquelles nous avions appris à vivre. C'est le retour du refoulé. La science nous dit que tout est normal. La technique nous convainc que désormais les limites peuvent être transgressées : le corps humain se remodèle par la chirurgie et la génétique, la nature se domestique, etc. Mais en même temps, le progrès fait peur, culpabilise et donne mauvaise conscience.

La thèse de René Girard est ici éclairante. La société humaine se construit sur la violence, ou plutôt sur sa victoire contre celle-ci. C'est pourquoi la violence sacrificielle est fondatrice, car en instituant le sacrifice elle purge la société de sa violence originelle et peut formuler ensuite les interdits premiers : le meurtre du frère, le meurtre du père, l'inceste à l'égard de la mère et des sœurs. Cette victoire provisoire sur la violence permet la reconnaissance de l'autre, alors que l'exogamie assure les premiers éléments d'une paix entre les communautés. Pour René Girard, cette première violence est sacrée. Elle est de l'ordre du rituel et pose donc la question de la permanence du religieux dans notre société. On peut entrevoir ici l'originalité de la révolution de Jésus qui, d'une part, assume la violence au lieu de la combattre par une violence égale. Au lieu de faire la révolution, il offre sa vie. D'autre part, il substitue à l'interdit du meurtre le devoir de l'amour : tu aimeras. Nous reviendrons sur ces notions.

Mais il faut comprendre que la sortie du monde agricole au profit de l'ordre technicien ébranle toute la culture. Cette rupture fait resurgir la violence fondatrice et engendre une spirale de violence dont la dimension rituelle nous échappe.

La complaisance envers la violence

L'écologisme, radical ou non, souhaite la paix entre l'être humain et le milieu écologique sous forme d'harmonie ou de réintégration. Mais la logique de notre époque va en sens inverse. Il faudrait sur ce point écrire un livre entier.

Dans l'agir quotidien, la mode est à l'individualisme, au repli sur soi et sur l'intimité, probablement pour échapper au poids écrasant du marché et des systèmes. La requête holistique cherche à reconstruire la cohérence et l'harmonie de l'ensemble avec le sentiment que quelque chose d'originaire a éclaté. Parmi tant d'éléments possibles, j'évoquerai ici trois aspects de ce que j'appelle une complaisance envers la violence : la dislocation du savoir, la violence symbolique, la guerre.

La dislocation du savoir n'est pas à proprement parler une violence. C'est plutôt un morcellement. Mais celui-ci provoque une sorte d'éparpillement de l'être, une dispersion en de multiples univers impossibles à tenir ensemble. Il me semble qu'avant, les choses étaient plus simples. Il y avait comme une unité du savoir et de la culture. Jusqu'à la Renaissance, des humanistes pouvaient presque prétendre avoir fait le tour du savoir accumulé avant eux : la philosophie, les arts, les mathématiques. Aujourd'hui, dans le seul champ de la médecine, un savant peut finalement ne connaître qu'un organe du corps humain : le cœur, le cerveau, le rein. Et plus les recherches progressent, plus les spécialisations se raffinent et s'isolent de l'ensemble. Hier encore, la politique pouvait être simple. Il fallait pour cela connaître les institutions, le droit, avoir un sens global des choses, un peu d'économie, beaucoup de flair et d'intuition, et surtout une bonne connaissance de l'histoire. Impossible aujourd'hui : certes, on peut, sur chaque détail et en quelques heures, rassembler des dizaines d'études et de rapports. Il s'ensuit une telle avalanche d'informations que la décision de bon sens en devient impossible. Ni l'ordinateur ni les systèmes d'aide à la décision ne sont finalement d'un grand secours. Quand on dresse la carte d'un littoral très échancré, on fait l'expérience de ce que l'on appelle des « fractales ». Le contour apparemment simple s'étale dans une infinité de petits replis qui allongent presque à l'infini la ligne du littoral. Et c'est ainsi qu'à trop de détails, on finit par se perdre.

Mon père, qui avait été instituteur, me disait que les objectifs de l'école primaire étaient simples : apprendre à lire, à écrire, à compter. Il me disait encore qu'on ne sait bien que ce que l'on a enseigné, car pour enseigner il faut refaire consciemment la route de l'apprentissage. Il disait encore que tout professeur d'université devrait commencer par enseigner à l'école primaire. Aujourd'hui, on se plaint de ce que les enfants ne savent pas beaucoup lire des textes de plus de trente lignes – mais il y a d'heureuses et remarquables exceptions –, qu'ils ont beaucoup de difficulté à écrire – plus que l'orthographe, c'est la syntaxe qui fait défaut – et à compter – plus nécessaire, on a la calculatrice et l'ordinateur. L'enfant est surinformé. On se demande s'il est formé.

Néanmoins, nous produisons des universitaires par milliers, munis de certificats, de maîtrises, de doctorats. J'ai souvent l'impression que cet émiettement du savoir finit par engendrer l'anomie, c'est-à-dire une absence de règles. Je ne parle pas ici d'anomie au sens éthique du terme, mais au sens de la capacité d'intégration, de l'équilibre homéostatique. Il n'y a plus de principe régulateur et intégrateur, d'où la vitesse accélérée de l'éloignement les uns des autres. C'est comme si les forces centrifuges l'emportaient sur les forces centripètes, comme si la loi de la gravité ne parvenait plus à tenir l'ensemble dans une certaine cohérence. Les astrophysiciens parlent de la densité limite. Ce phénomène ne m'inquiète pas tellement sur le plan du savoir comme tel, mais sur le plan de la sagesse, de la cohérence humaine. La crise écologique interroge l'humanité entière, et c'est l'humanité entière qui devra parvenir à opérer les changements nécessaires. Mais l'intégration du savoir ne se fait pas, de sorte que nous savons qu'il y a crise sans bien savoir quoi faire.

La violence symbolique me semble aujourd'hui le refuge de la violence sacrificielle. On ne fait pas, comme on dit, de bonne littérature avec de bons sentiments. Il faut chaque fois séduire, certes, mais surtout choquer, étonner, heurter, oser au-delà de la limite. D'où l'importance de l'intensité du son dans la musique populaire. Il faut matraquer l'oreille, briser le rythme, disloquer le corps dans la danse. Bien sûr, il s'agit là de la culture urbaine, métallique, clinquante, la plus technique possible tout en se réclamant d'une nostalgie écologique. Dans *Orange mécanique*, de Stanley Kubrick, qui date déjà de plus de trente ans, le héros rééduqué souffre le martyre à l'audition de la musique de Beethoven, comme si tout s'était déglingué. La toile *Guernica*, de Pablo Picasso, illustre bien l'horreur de la guerre civile, mais le cubisme désarticule les personnages. L'ingénierie médicale fait exactement cela. Elle traite le corps en pièces détachées, un peu comme dans *Et mon tout est un homme*, le roman noir de Boileau-Narcejac.

Nous sommes loin de l'interdit du meurtre et de l'inceste. Mais nous sommes dans la désarticulation du corps, dans la dissémination des traces humaines hors du champ de la conscience. Finalement, l'art raconte à sa manière le divorce instauré entre l'être humain et son milieu écologique. Le résultat ne ressemble pas à l'assouvissement promis par la société de consommation.

Le troisième volet de la violence actuelle, c'est évidemment la guerre. À un premier niveau, instinctuel et suicidaire, le terrorisme kamikaze. Mais aussi le terrorisme tout court, qui tue aveuglément, et de préférence pourrait-on dire, ceux et celles que l'on soupçonne de la plus grande innocence. De la violence présente dans la nature, la pire semble bien la violence humaine puisque, ici, toute la culture humaine s'investit dans le raffinement violent. Son paroxysme en est la guerre.

Après 1939-1945, on pensait avoir atteint le fond. Bien triste illusion. Après la Corée, l'Indochine, le Viêt-Nam, le Cambodge, la guerre froide qui a frôlé la catastrophe à Cuba, les nettoyages ethniques, l'Iran, l'Iraq, la Bosnie, les conflits de l'ancienne URSS, nous voici en Afghanistan. On ne le dit qu'à mots couverts, mais cela se sait de plus en plus : les guerres sont désormais nucléaires. Pas ouvertement, car la bombe atomique n'est pas lancée. Mais, en sous-main, on utilise de plus en plus de l'uranium dit « appauvri ». Cette pudeur sera probablement bientôt évincée par les nécessités de la guerre. Cela viendra peut-être dans un an, entre Israël et l'Iran, ou dans dix, entre d'autres protagonistes. Peu à peu, la Chine met la main sur l'Afrique, continent aux ressources incroyables. L'Inde est dans le sillon de la Chine pour ce qui est de la croissance. L'Amérique du Sud est un volcan. Je vois mal comment la course aux ressources et à l'armement, alors que des ruptures de stocks de ressources naturelles rares sont prévisibles, ne pressera pas quelque leader ou quelque peuple à relever le défi de la guerre. Les bons motifs invoqués ne manqueront pas : autodéfense, accès à des ressources indispensables, espace vital, besoins territoriaux, réflexes identitaires ou, comme on dit aujourd'hui, démocratie, droits de la personne. On pressent déjà la noblesse des causes. Mais on soupçonnera l'innommable, la violence sacrée pour nous purifier de nos souillures. Ce ne sera pas la fin, mais une autre épreuve sur la route des hommes pervers.

En conclusion

Je n'écris pas ces lignes pour inciter à la peur, mais pour la faire comprendre. L'humanité, celle dont nous faisons partie quotidiennement, vit dans un certain ordre du monde, dans un cosmos, disaient les Anciens, dans un univers complexe, mais limité, où il y a des contraintes de temps, de moyens et d'espace, ce qui nous renvoie au principe de réalité.

La période que nous vivons prétend abolir la réalité et satisfaire entièrement au désir. Elle ne le fait pas principalement sous le monde du rêve ou de l'utopie, mais sous l'égide de la science, de la technique, de la rationalité. D'où la démesure de la consommation, le désir se dégradant en besoins. Mais la crise de l'environnement est un démenti radical à cette pseudo domestication à l'infini du monde naturel. D'où le sentiment d'insécurité et de culpabilité qui doit prendre la route de l'inconscient, car il n'a plus de lieu pour se dire. Et quel espace reste-t-il à l'insurrection de la liberté ?

Nous sommes donc en menace de l'émergence de nouvelles religions, modernes et techniciennes dans leurs dogmatiques, mais archaïques ou régressives dans leurs formes symboliques. Je pense à la montée du suicide comme auto-immolation. La mort du chanteur André « Dédé » Fortin est symptomatique sur ce point.

« Sur la route des hommes pervers », la violence sacrée prévient la violence par la violence, purifie la violence par la violence. Faut-il penser à l'Iraq, à l'Afghanistan, aux exécutions violentes et spectaculaires, retransmises à la télévision, de Saddam Hussein, de ben Laden, de Kadhafi, dont les corps ont été exhibés ? René Girard nous fait remarquer que la violence émerge quand les différences s'estompent. Or, la mondialisation actuelle tend à imposer à tous un monde commun et identique, un mode de vie unique, une culture uniforme, une langue commune. Elle écrase les diversités culturelles au nom de la liberté des échanges. Ce faisant, à son insu, elle fait germer la tension d'où la violence émergera.

Cette pensée est antinomique, car notre perception première nous donne à penser que c'est la différence qui engendre la violence. Les nations voisines se livrent des guerres opiniâtres et séculaires : les Français contre les Anglais, les Espagnols contre les Portugais, les Allemands contre les Français, les Serbes contre les Slovaques, les Japonais contre les Chinois, etc. Mais, précisément, ce sont des nations proches, comme des frères ennemis. De même, à l'intérieur de la société, une catégorisation trop nette entre les hommes et les femmes semble favoriser le machisme et l'intolérance à l'égard de certains, et mener notamment à l'homophobie. Si l'indéterminé est source de violence, l'excès de catégorisation le semble aussi. Dans la Bible, l'étranger est presque toujours un impur, sinon un impie, ce qui n'empêche pas l'émergence d'un fort courant universaliste. La Bible a manifestement plus peur du chaos, de l'indéterminé que d'un excès de classification. Le *Lévitique* en témoigne abondamment.

Quand l'autre est reconnu comme tel, la violence qui émerge semble définir celui-ci comme un rival, un concurrent, et le combat qui s'instaure prend la figure d'une quête de la justice. Quand l'autre est nié, la violence est pire encore et la société n'émerge pas. La société technicienne et son corollaire, la crise écologique, ont détruit un certain ordre du monde. Mais un nouvel ordre n'a pas émergé, et quand il émerge, sporadiquement, il a la figure du même, de l'uniforme, du standardisé. D'où l'éventualité d'une violence aveugle. En sortira-t-il une civilisation de l'amour ?

Chapitre 4
La pierre, les ciseaux et le papier

Comprendre la crise écologique et les ébranlements qu'elle provoque au sein de la société est un défi redoutable. J'ai essayé de l'illustrer dans les chapitres précédents en montrant que le développement durable j'aborde comme une parabole de fixité dans un univers en mouvement. J'ai ensuite exploré un paradoxe semblable : la référence à la loi naturelle nous incite à penser comme un ordre déterminé et clos la complexité du monde et la fluidité de l'esprit et de la liberté. Je me suis ensuite attardé à la violence fondatrice et à son gendarme, la civilisation qui, loin de nous faire entrer dans un paradis raisonnable, risque d'engendrer un nouveau chaos. C'est dans le même esprit que j'aborde le présent chapitre dédié au jeu des acteurs. Nous voudrions toujours une solution simple et uniforme à un problème extraordinairement complexe.

Le jeu bien connu de la pierre, des ciseaux et du papier nous offre une parabole utile. Le jeu se joue à deux. Chaque partenaire tient une main derrière le dos, main qu'il dressera devant son adversaire au moment précis où les deux joueurs devront agir ensemble. Chacun doit former une des trois figures indiquées : la pierre, les ciseaux, le papier. La pierre est figurée par le poing fermé; les ciseaux par deux doigts ouverts, qui représentent deux lames qui coupent; le papier par la main largement étendue. La pierre brise les ciseaux, les ciseaux coupent le papier, le papier enveloppe la pierre. Chaque figure l'emporte ainsi sur une autre, mais perd devant la troisième. La logique nous pousse à choisir la pierre qui, *a priori*, représente la robustesse et la force. Ainsi, elle brise les ciseaux qui, par ailleurs, suggèrent la puissance phallique et la violence; ils tuent et lacèrent. Ils déchiquettent le papier, mais la pierre les brise. Dérisoire en apparence, le papier est *a priori* une texture fragile et méprisable. Mais c'est une forme englobante, malléable, féminine, qui capture la pierre et l'emprisonne.

C'est un jeu sans fin où les alliances ne sont pas possibles et où chacun est à la fois vainqueur et vaincu. Les enfants adorent ce jeu, car ils finissent toujours par gagner quelques coups. Et l'adulte qui observe l'enfant peut aussi découvrir la préférence symbolique de l'enfant. Le jeu est intéressant également en ce sens qu'il nous fait comprendre que la pyramide qui va de bas en haut n'est pas toujours la seule et vraie façon de voir les choses et qu'il y a des situations de complexité et d'inclusivité relatives où A peut vaincre B, B vaincre C, mais C vaincre A.

L'histoire de l'écologie montre que son premier intérêt a été celui de la protection de la nature. À la suite du romantisme et devant l'expansion des sociétés est né le désir de sauvegarder des territoires sauvages et de les protéger contre l'invasion humaine. Le lieu sauvage, la *wilderness*, c'est à la fois le symbole de la pureté originelle avant la souillure humaine, mais aussi celui de la force terrifiante de la nature, l'empire de l'inconnu, du fauve, de la mort, et l'occasion de mettre en valeur le courage des humains. On peut penser au livre fétiche de Kipling, *Le Livre de la jungle*, ou à tant de récits d'aventures en haute montagne. Le mouvement écologiste a d'abord été conservationniste.

Parallèlement, la pensée de Malthus se diffusait, une doctrine qui affirme que la population humaine grandit plus vite que les ressources et qui favorise en conséquence la restriction volontaire de la natalité et la non-intervention de l'État à l'égard des pauvres, les classes pauvres se reproduisant plus vite que les classes riches. À mesure que la science de l'écologie se développait, on comprenait mieux comment l'équilibre se construit à l'intérieur d'un biotope pour atteindre un certain équilibre climacique. Toute espèce végétale ou animale vivant dans un milieu se développe en fonction des ressources disponibles, du territoire, du climat, des prédateurs, des maladies, de la concurrence des autres espèces. Le prédateur qui est en haut de la chaîne pourrait, *a priori*, se développer à l'infini. Mais il aura vite fait de manger trop de proies et la famine suivra. C'est le cycle bien connu du renard et du lièvre.

Un autre cas bien connu est le cycle du loup et du chevreuil. Dans l'imagerie populaire, le loup est le méchant et le chevreuil son innocente victime. Par sentiment de pitié, il conviendrait donc d'éliminer les loups et de laisser vivre les chevreuils. À long terme toutefois, la solution est paradoxale. Trop de chevreuils feront du surpâturage dans la savane et la forêt. La forêt déclinera, toutes les jeunes pousses étant broutées, et la population de chevreuils déclinera faute de nourriture. À la longue, le cycle loup-chevreuil est bénéfique pour les arbres, pour le chevreuil et pour les loups. Normalement, l'être humain est soumis au même cycle. Mais il a inventé l'agriculture et l'élevage et il peut donc aménager la nature à son profit. Seul l'être humain semble capable de modifier profondément et durablement le milieu écologique à ses propres fins bien qu'il demeure toujours fragile et menacé. Cette fragilité est patente lors des épidémies, des sécheresses et des ouragans, sans oublier les facteurs proprement humains comme la guerre.

Échappant aux contraintes imposées aux autres espèces par la nature (ressources disponibles, compétition, prédateurs, maladies), l'espèce humaine semble pouvoir progresser sans limites. Elle a vaincu ses prédateurs, elle semble avoir eu raison des famines grâce à une agriculture productiviste. Les progrès de l'hygiène et de la médecine nous promettent un avenir radieux. Y a-t-il un seuil limite à la population humaine comme il y en a pour toutes les espèces vivantes ? Seuil de nourriture, d'espace, d'énergie ? Les biologistes le pensent. C'est pourquoi ils ont toujours peur de la bombe humaine et sont toujours favorables à la régulation des naissances, au grand dam des natalistes. Il est difficile de définir *a priori* un optimum de population. À l'automne 2011, l'humanité a atteint 7 milliards d'individus, et on en prédit 10 milliards vers 2050.

J'ai commencé à m'intéresser à l'environnement autour des années 1960. Les thèmes étaient alors la conservation de la nature et l'explosion de la population humaine. L'attention s'est ensuite développée autour de la pollution. Le milieu biophysique s'était rapidement dégradé : pollution de l'air des villes, pollution rapide des cours d'eau. À Saint-Colomban, vers 1947-1948, nous avons cessé de nous baigner dans la rivière du Nord à cause, principalement, de la pollution industrielle des usines de Saint-Jérôme (la Rolland, la Regent Knitting, la Dominion Rubber). Peu à peu, toutes les rivières du sud du Québec sont devenues impropres à la baignade : la rivière L'Assomption, la Yamaska, le Richelieu, le fleuve Saint-Laurent, etc. Parler d'environnement, c'était parler de pollution. L'industrie était l'ennemie à surveiller. La conférence de Stockholm, en 1972, a été la grand-messe écologique par excellence. L'industrie a été dénoncée sur tous les tons. C'était le temps du *Peace and Love*, de la liberté personnelle et de la drogue. Le système était mauvais. En conséquence, les pays avancés se sont dotés de ministères de l'Environnement, ont mis en place des lois-cadres et institué diverses formes de procédures d'évaluation et d'examen des impacts.

Les années 1980 ont été marquées par trois courants qui ont déplacé la problématique : les accidents technologiques majeurs (Seveso, Bhopal, *Amoco Cadiz*, Three Mile Island, etc.) ; la découverte au Québec du phénomène des pluies acides, et donc des pollutions à grande distance, phénomène déjà identifié en Europe ; la compréhension de la crise écolo-gique non plus seulement comme un résultat de l'incurie industrielle, mais aussi comme une question sociale et universelle. C'est la crise du développement et l'obligation de prendre ensemble les questions de la pauvreté et de la protection de l'environnement. En 1987, le rapport Brundtland liait désormais ce qu'on avait tendance à isoler. La crise écologique n'est pas dissociable de la crise sociale, de la consommation et de nos modes de vie. Ce n'est pas une question industrielle, mais beaucoup plus largement une question de civilisation.

À la suite du sommet de Rio en 1992, la science s'est attardée à comprendre et à modéliser l'ensemble de l'écosystème terrestre, particulièrement celui de l'air. La mise en œuvre du protocole de Kyoto[39], axé sur les changements climatiques, a en quelque sorte simplifié la perception de la crise écologique à ce seul objectif stratégique : diminuer mondialement les émissions de CO_2 dans l'atmosphère et conjurer le réchauffement de la planète dont les effets prévisibles sont terrifiants.

Malheureusement, le protocole de Kyoto a du plomb dans l'aile. Les États-Unis n'ont jamais voulu s'y soumettre. En tant qu'empire actuellement dominant, les États-Unis ne veulent jamais se soumettre à une autorité mondiale qui semblerait porter atteinte à leur souveraineté. Le Canada, lui, a trahi sa parole. Les objectifs de réduction des émissions de CO_2 sont donc constamment repoussés. La stratégie des opposants au protocole est simple. Ils cherchent à créer le doute sur

---

39. La convention-cadre a été adoptée en 1992. Les États-Unis l'ont signée. Le Protocole est mis au point en 1997 et mis en œuvre en 2005. En 2012, il expirera et sera relayé par un autre. Il a été, comme on le sait, torpillé par le Canada.

certaines données – on les appelle donc les climatosceptiques – et reportent ainsi à plus tard les réformes. Ils refusent d'agir maintenant et disent qu'il suffira de s'adapter quand les effets prédits surviendront effectivement. C'est la fuite en avant.

Dans un essai antérieur[40], j'ai tenté de démontrer que la crise de l'environnement pouvait se comprendre par la conjonction de quatre bombes : la démographie galopante, la pollution, la consommation intensive, l'inégalité des rapports humains. Mais la complexité est difficile à saisir et à penser. On essaie donc constamment de réduire la compréhension de la crise à un seul facteur et à faire confiance au système technicien pour nous sortir de la crise. Au fond, il n'y aurait pas de problème que la science ne saurait régler. Malheureusement, à mon sens, cette fuite dans l'hyperrationalité refoule toute une série d'autres aspects. Nous retrouvons ici la métaphore de la pierre, des ciseaux et du papier. La solution magique n'existe pas.

Par exemple, après la guerre de 1939-1945, nous sommes entrés dans l'ère du consumérisme, plus tôt aux États-Unis et au Canada, plus tard en Europe. Sous l'influence de Keynes, les mesures sociales ont diminué les écarts entre les classes sociales et favorisé une certaine harmonie. On aurait pu alors penser à l'instauration d'un développement durable. La lettre du pape Paul VI sur le développement des peuples, axée sur le développement intégral de tout l'humain et de tous les

---

40. *Environnement et Église*, Montréal, Fides, 2008, 176 pages.

humains, date de 1965, mais déjà, en 1962, le Club de Rome annonçait des ruptures de stock pour plusieurs ressources essentielles, dont le pétrole.

Mai 1968 a marqué la révolte d'une jeunesse qui avait connu la promesse de la prospérité et qui voulait s'affranchir des contraintes. « Il est interdit d'interdire. »

Aux États-Unis, cette révolte, souvent universitaire, s'enracinait aussi dans une grave crise éthique issue de la guerre au Viêt-Nam. Ce qui prime, en 1968, c'est l'aspiration à jouir sans aucune contrainte.

À la suite du premier sommet de Stockholm, en 1972, on peut estimer que les sociétés ont essayé d'encadrer la production industrielle et la pollution. Le ralentissement des naissances était déjà bien en place dans les sociétés dites développées à cause de la hausse du niveau de vie, d'une meilleure connaissance des processus de la fécondité humaine et de la libération de la femme. De son côté, la Chine adoptait la politique très contraignante de l'enfant unique. Mais la croissance démographique continuait d'être galopante ailleurs, notamment en Asie et en Afrique. De leur côté, les écarts sociaux se sont accentués à l'intérieur des sociétés occidentales avec l'avènement de Thatcher, Reagan, Bush ainsi qu'entre le Nord et le Sud. La chute de l'URSS a accentué cette revanche des riches. Depuis vingt ans, les États-Unis sont en situation quasi permanente de guerre (Iran, Iraq, Afghanistan), dont l'un des enjeux importants est l'accès au pétrole.

Parmi les quatre bombes de la crise, nous progressons vraisemblablement du côté de la croissance démographique – mais c'est à voir – et du contrôle des pollutions. Sur ce point encore, ce n'est pas évident, car il est possible que les pires pollutions soient celles dont nous n'avons pas encore pris connaissance. Partout, la course à la consommation est effrénée, particulièrement dans les économies dites « émergentes » : Chine, Inde, Corée, etc. Des révoltes apparaissent dans les pays arabes (Égypte, Tunisie, Maroc, Libye, etc.) et les écarts se creusent entre le Nord et le Sud, alors que l'accès à certaines ressources rares devient un enjeu crucial.

On voit dès lors que la crise de l'environnement n'est pas un problème scientifique ou technique. C'est le problème de l'humanité dans son devenir. Auparavant, les problèmes des sociétés pouvaient à la limite se réduire à des conflits politiques entre les empires. Il y a eu l'Empire romain, l'Empire français, l'Empire britannique – sur lequel le soleil ne se couchait jamais –, l'Empire soviétique, l'Empire américain. Aujourd'hui, la problématique politique est débordée de partout à cause des limites intrinsèques à la planète (*Nous n'avons qu'une Terre*[41]) et de la perturbation des systèmes régulateurs (changements climatiques). On ne peut pas réduire la crise à des défis scientifiques, et techniques, ou politiques.

---

41. Titre du livre de B. Ward et R. Dubos pour la conférence de Stockholm.

Le jeu des acteurs

Nous voudrions penser en termes linéaires simples, isoler un responsable, un coupable, changer un élément, et ainsi tout se rétablirait. Il faut au contraire penser la complexité, où tour à tour chacun est à la fois coupable et victime, chaque élément étant à la fois cause et effet. Pierre, ciseaux, papier.

Pour la simplicité de l'exposé, résumons la typologie à cinq acteurs : le promoteur, le politicien, le militant, l'expert, le citoyen. Il y en aurait bien d'autres dont : le journaliste, l'artiste, l'intellectuel, le consommateur, l'altermondialiste, l'anarchiste. J'utilise ici le masculin pour des raisons de simplicité.

Le promoteur

Le promoteur, ou l'initiateur, est le méchant par excellence, celui par qui le malheur arrive. C'est lui qui formule et lance les projets nouveaux : un service (un restaurant, un parc, une banque, une mine), un développement, un créneau jusqu'alors inconnu. Parfois, il invente une réalité totalement nouvelle dont on ne sentait pas le besoin (par exemple, l'ordinateur personnel ou le baladeur) et qui se révèle une trouvaille. Je me souviens quand la télévision est apparue dans nos maisons. Ce fut la mort des prédicateurs ! Comme disait Georges Dor, les chansonniers ont pris la place. Il y a eu des inventions à mon sens quasi inutiles, aux effets pervers, comme la motomarine, la motoneige, voire la poutine. D'autres, fort contestables, comme les jouets violents pour les enfants, les assiettes et les contenants uniservices, etc. Quand l'utilité personnelle ou sociale d'un nouveau produit est incertaine, la publicité en crée le besoin. Est-il nécessaire que nous possédions un jeans délavé et déchiré pouvant coûter 400 $ pièce ?

La plupart du temps, le promoteur est un investisseur, bien que de plus en plus de dirigeants d'organismes se contentent de dépenser l'argent des autres, des actionnaires. Le promoteur est un mutant. Il impulse dans la société des nouveautés susceptibles d'améliorer la vie, d'élargir la palette de nos satisfactions, de notre confort, de notre culture. Quand Henry Ford a inventé la chaîne de montage et voulu que les employés de Ford puissent posséder une auto, il a modifié sans trop le comprendre toute la manière de penser les villes. De même pour les planificateurs qui ont inventé le centre commercial à l'extérieur des quartiers urbanisés. Pourquoi l'inventeur de la machine à écrire a-t-il disposé les lettres de l'alphabet dans l'ordre qu'il a choisi ? Fernand Dumont expliquait que l'arrivée du catalogue du magasin Eaton dans les foyers québécois avait complètement changé le regard que les femmes portaient sur leurs propres vêtements.

En général, le promoteur est privé. La planification centralisée et étatique a été un échec retentissant en URSS. Elle semble n'avoir pas tenu compte des besoins réels des consommateurs. Le promoteur court un risque. Il innove. S'il se trompe, tant pis, il fera faillite. S'il réussit, il deviendra un héros. Après coup, il est facile de comprendre un échec ou une réussite. Avant coup, c'est bien difficile de prédire.

Dans les sociétés d'avant la crise écologique, le promoteur pouvait mettre son projet en œuvre sans beaucoup de contraintes. S'il y avait des effets pervers, on palliait après ou on se consolait en disant que c'était le coût inhérent au progrès. D'ailleurs, on ne perdait pas son temps à demander au public ce qu'il en pensait. Il suffisait de s'entendre avec les autorités et le reste allait tout seul. Les mines, les routes, les chemins de fer, cela allait de soi.

Le problème en tout cela est le suivant. Si le promoteur possède une idée nouvelle et de l'argent, il n'est tout de même pas le propriétaire de la société dans laquelle il intervient. Il a donc des obligations et des devoirs à cet égard. Qui est responsable si un cargo plein de pétrole coule en mer du Nord, si un incinérateur crache une fumée mortelle sur un quartier populaire, si l'utilisation de protéines animales dans l'alimentation des vaches induit une crise de la vache folle ? Au XIXe siècle, le promoteur était roi ou presque. La crise écologique nous a rendus sensibles aux effets pervers et imprévus de cette situation : effets sur la santé, nuisances, imposition d'un type de développement. L'auto rêvée de 1930 est en partie devenue un cauchemar urbain. La MIUF, cet isolant miracle, s'est révélée un tueur silencieux. Les lignes d'Hydro-Québec quadrillent le territoire québécois et déterminent son développement futur. De plus, elles ont un impact non négligeable sur les forêts et sur la flore et la faune qui y vivent.

C'est ainsi que le promoteur n'est plus le prophète du bonheur à venir. Il est un acteur parmi d'autres qui doit se soumettre aux exigences de la société où il intervient. Certains le font admirablement, d'autres avec grogne. D'autres encore cherchent à l'étranger des pavillons de complaisance où les contraintes écologiques et sociales seront moindres. On peut évoquer ici une idée chère à Jean-Jacques Rousseau : le contrat social.

Ce que le débat des cinquante dernières années a permis de faire émerger peut se résumer en deux propositions : l'environnement et la société n'appartiennent pas au promoteur comme un bien libre – hélas, la loi sur les mines en est encore à ce stade – ; le promoteur est tenu de prédire les effets de son intervention et de s'ajuster en conséquence. La première proposition, l'enracinement dans la société, va de soi puisque le promoteur est un acteur comme les autres. Il ne jouit pas d'un privilège d'innocence. Beaucoup d'entreprises en sont encore au stade d'en faire le moins possible et de simplement obéir à la loi et aux règlements. Ce sont des dinosaures. D'autres, au contraire, essaient d'être proactives et d'intégrer les questions environnementales et de développement durable au cœur de leurs préoccupations, et il y a sur ce point des actions formidables. Le changement de la culture entrepreneuriale depuis trente ans est manifeste et le progrès éthique souvent remarquable. Ces entreprises sont innovantes.

La deuxième proposition, l'étude des impacts, suppose un fort changement de culture, car c'est au promoteur qu'il appartient de procéder à l'étude d'impact et de prédire les risques et les effets nocifs prévisibles de son action. Il est tenu de se dénoncer en quelque sorte. Le fardeau de la preuve lui incombe et non pas aux groupes et aux individus qui s'opposent à lui. Ceci pose un défi, car on ne peut jamais démontrer l'innocuité d'une action. Le risque zéro n'existe pas, car on pourrait toujours raffiner l'instrument de détection et de mesure pour juger des risques potentiels. Sur ce point, les militants du risque zéro font erreur. Mais le promoteur doit faire la preuve de l'opportunité de son projet, de la raisonnabilité des risques encourus et de l'opportunité des mesures de correction mises en œuvre. Au fond, le promoteur est suspect dès l'origine, ce qui change la règle courante du droit. C'est qu'au fond, depuis un siècle, la mise en œuvre d'un type de développement sauvage a fait apparaître, sur une large échelle, la pollution et les risques de catastrophes. La société oblige donc maintenant un promoteur, pour certains types de projets d'envergure, à prédire les risques associés à son projet. Dans la vie courante, un suspect est considéré comme innocent tant qu'il n'est pas démontré qu'il est coupable. En environnement, un projet est réputé coupable tant qu'il n'a pas raisonnablement montré son innocence. La raison de cette inversion est simple et a été bien mise en évidence au début des années 1980 par un chercheur du nom de Schrecker. Sur le plan du droit, mieux vaut qu'un criminel soit en liberté qu'un innocent soit injustement jeté en prison et puni. Dans l'environnement, c'est le contraire : il serait plus dommageable pour la société qu'un projet dangereux soit mis en œuvre et porte atteinte à un grand nombre de victimes innocentes que de se priver d'un projet surtout bénéfique à un investisseur.

Ceci veut dire qu'il est plus difficile aujourd'hui de réaliser les projets que ce ne l'était il y a quarante ans. Il faut se soumettre aux lois et règlements, nombreux et pas toujours clairs. C'est plus long et plus coûteux. Il faut engager des experts. Mais il y a à cela beaucoup de bons résultats, notamment celui de décourager des projets champignons, alléchants au départ, mais tout à fait illusoires. La procédure impose en quelque sorte un ticket modérateur qui filtre les projets peu souhaitables.

Le politicien

J'inclus dans la catégorie politicien, un ensemble de personnes bien différentes, entre autres le fonctionnaire et les responsables politiques. Il faut bien le dire, l'État occupe une place énorme dans la vie collective. État fédéral, provincial, municipalités (municipalités régionales de comté ou MRC, municipalités proprement dites, communautés urbaines), sans oublier les organismes paramunicipaux, publics ou parapublics, depuis la Société d'assurance automobile du Québec (SAAQ), qui autorise nos transports, jusqu'à la Société des alcools du Québec (SAQ), qui nous fait boire, sans oublier Loto-Québec, qui nous fait jouer, et Hydro-Québec, qui nous éclaire et nous chauffe. L'État est partout : premier employeur, premier contrôleur, percevant taxes et impôts, payant pensions et services de tout ordre, dont principalement l'éducation et la santé.

L'exposé qui suit vise directement la juridiction provinciale, et précisément celle du Québec. Dans la situation fédérale canadienne, le ministère fédéral de l'Environnement s'occupe surtout des dimensions internationales, et notamment des pêches et des eaux transfrontalières. Il autorise les projets qui touchent plus d'une province, mais il se spécialise surtout dans la recherche et l'expertise, alors que sur le plan opérationnel, les autorisations de projets et les permis par exemple sont du ressort provincial.

Dans un gouvernement, le ministère de l'Environnement est l'enfant pauvre : il coûte cher et rapporte bien peu. Toute la vie de l'État est centrée sur l'économie : déficits, surplus, contrats, impôts. D'ailleurs, la société est livrée pieds et mains à l'économie, les économistes ayant réussi à mettre la main sur la société et à imposer leurs règles du jeu. En quoi le produit intérieur brut (PIB) devrait-il être la mesure idéale, « objective » de la performance d'une société ? Il pose comme postulat que tout ce qui importe peut être traduit en dollars. C'est un mensonge énorme auquel tout le monde feint d'adhérer. C'est une aberration puisque l'économie ne voit qu'à très court terme et ne parvient pas à véritablement intégrer les externalités sociales et écologiques. Dans un gouvernement, les ministères forts sont les ministères économiques : Finances et son bras droit le Trésor, Développement économique, Commerce et Industrie, Ressources naturelles, Transports, Agriculture. Ces ministères sont essentiellement axés sur le développement économique, non pas le développement durable, mais le développement tout court, dur et pur : créer des *jobs*, faire rouler la machine, exploiter les ressources, produire, vendre, exporter. Les autres ministères assurent la régulation et la fonction sociale de l'État : Justice, Santé, Éducation et autres (Culture, Communications, Famille, Aînés, etc.). On pourrait dire que ces ministères dépensent l'argent des autres. Il faut bien qu'ils le fassent, car c'est cela surtout que les gens attendent de l'État. Ils veulent des services. Et c'est en promettant des services, de meilleurs services assortis si possible de baisses d'impôt, que les politiciens se font élire.

Dans cet ensemble, le ministère de l'Environnement est mal aimé. Les attentes à son égard sont énormes puisque les gens ont peur, veulent un milieu sain, de l'air pur, de l'eau limpide, des parcs, des industries sans pollution, des milieux de vie sains. On demande à l'Environnement de civiliser le développement, d'inscrire l'action gouvernementale dans le cadre du développement durable, c'est-à-dire de l'insérer dans l'ensemble de l'écosystème et dans le long terme. Mission impossible. Il est tout à fait surprenant que les élus (parlements, assemblées nationales, congrès, etc.) d'à peu près tous les pays aient eu le courage de voter des lois sur l'environnement, de créer un ministère à cette fin, d'imposer un régime d'études d'impacts, de s'inscrire dans le développement durable. Au fond, depuis Stockholm jusqu'à nos jours, il a fallu une pression énorme pour forcer l'État à s'occuper de l'environnement. C'est une des plus belles victoires de la conscience humaine.

Mais on comprendra qu'au jour le jour, à l'interne, dans un gouvernement, le ministère de l'Environnement est un emmerdeur. Il pose les questions que l'on ne veut ni voir ni entendre. Empêcher un barrage pour sauver un poisson insignifiant, renoncer à un projet alléchant pour un supposé risque à la santé, obliger les résidences isolées à installer une fosse septique et un champ d'épuration? Je pourrais donner des tas d'exemples. Quand le ministre Marcel Léger a mis de l'avant la mise en œuvre du règlement relatif à la procédure d'examen des impacts, il provoqua un tollé à l'intérieur du gouvernement. En ce temps-là, les décisions au conseil des ministres étaient prises par consensus. Il fallait donc que le ministre proposeur négocie sa proposition avec ses collègues. C'était le rôle des comités ministériels : développement social, économique, culturel. Pour pouvoir passer son règlement, le ministre Léger a dû concéder au monde industriel un délai indéterminé avant la mise en application du règlement qui le concernait. Le milieu le plus récalcitrant a été le milieu agricole, hélas! Alors que celui-ci aurait dû être un allié naturel de l'Environnement, il est vite devenu un adversaire irréductible. À une certaine époque, à l'interne, on ne parlait plus du ministère de l'Agriculture, des Pêches et de l'Alimentation du Québec (MAPAQ), mais du ministère de l'Union des producteurs agricoles (UPA). Car cette dernière se vantait de pouvoir évincer le ministre de l'Agriculture et le ministre de l'Environnement si ces derniers ne prenaient pas les décisions qui leur convenaient.

Finalement, la politique est une chose extrêmement complexe. Il y a la logique de la cohérence interne, des contenus, des valeurs, de ceux et celles qui sont capables de penser l'État d'une manière globale. Il y a la logique qu'on pourrait appeler « stratégique » : gagner une élection à très court terme, remporter une circonscription électorale, éluder une question. Chaque élu représente et défend ses électeurs même contre le bon sens. Combien de décisions sans cohérence sont-elles prises ? Un exemple : la suppression du péage sur les auto-routes pour faire élire les députés péquistes de Laval. Ils n'ont pas été élus. Un autre : la décision d'offrir aux municipalités fusionnées, dans le cadre des communautés urbaines, de défu-sionner. Victoire électorale libérale, mais à quel prix ? J'ose à peine évoquer l'autre logique, plus *cheap* celle-là. Ne pas faire ce que son prédécesseur a fait. Faire même le contraire. Il a fallu des années pour intégrer le ministère de la Faune à celui de l'Environnement, ce qui fut sur le plan de la cohérence écologique un très bon geste. Mais à l'élection suivante, dans le même parti, le ministre des Loisirs a récupéré la Faune parce que cela l'intéressait. Cela a coûté des vies et des millions. Mais qui s'en est soucié !

Bref, un ministre de l'Environnement est porteur d'aspirations gigantesques, utopiques, hors de l'horizon temporel envisa-geable, mais en même temps, il doit prendre des décisions immédiates sur des problèmes urgents : l'eau potable, les algues bleu-vert, les bandes riveraines, la gestion des déchets. Il va à contre-courant et il le sait. Mais en même temps, c'est ce qu'on attend de lui. Finalement, c'est dans l'opinion publique qu'il cherchera sa légitimité. À l'intérieur du conseil des ministres, il n'est qu'un empêcheur de progrès. C'est en se faisant l'écho de la rumeur publique qu'il peut permettre d'autres regards et d'autres choix. Paradoxalement, à long terme, il y parvient plutôt bien. À observer cela avec trente ans de recul, on se rend compte qu'il y a eu, de façon ponctuelle, beaucoup de décisions timides et décevantes. Mais à long terme, le navire amiral a bougé à cause, évidemment, du changement des valeurs dans la société.

De son côté, le fonctionnaire n'a qu'à faire son travail. Il met en œuvre les priorités et orientations demandées par le ministre et le gouvernement. Il applique les règlements, les directives, les normes et les procédures établis. Règle générale, il est un expert du domaine dans lequel il intervient : gestion de l'eau ou des déchets, aménagement, protection des milieux, santé humaine, aires protégées, études d'impacts, etc. Au contraire de l'opinion publique, qui méprise les fonctionnaires, j'ai une vive appréciation pour leur travail, accompli généralement avec compétence et application. Bien sûr, il y a des distorsions inévitables. La plus aiguë est la tension jamais résolue entre le politique et l'administration publique. Le personnel politique cherche constamment à jouer au fonctionnaire, presque toujours en faveur des plaignants qui demandent la plupart du temps qu'on ferme les yeux en leur faveur. D'où frictions de compétences, et surtout confusion des idées. Quand un fonctionnaire reçoit un ordre d'un membre du personnel du cabinet, ou quand toutes les communications publiques courantes doivent être revues avant publication, l'administration publique est en quelque sorte mise en tutelle, et c'est le début de la pagaille. L'inculture politique me semble ici très dommageable. Hélas, on peut devenir député, et ministre, ou membre d'un cabinet de ministre sans avoir eu la moindre initiation à la manière dont fonctionne l'État. Et après chaque élection, cela recommence.

L'autre frustration est liée au temps, à la rapidité ou à la lenteur des décisions. Quand un nouveau ministre arrive, il faut de trois à six mois de *briefing* pour que le nouvel arrivé, homme ou femme, et son cabinet aient le temps d'apprendre le fonctionnement de l'appareil d'État et les grands aspects de sa mission. C'est alors comme un temps d'arrêt. Puis, vient le temps de préparer les orientations, les programmes et les réformes, de mener à bien les études. Parfois, cela prend des années. Et quand vient le temps de décider, arrivent une élection, un changement de ministre, un article alarmiste dans les médias. Le dossier s'en va sur les tablettes, comme on dit. Les priorités ont changé. Mais trois ans plus tard, la question revient à l'ordre du jour, et quelqu'un crie : qui dort sur le bouton de commande ? J'ai vu, dans le dossier de l'eau, des années de connaissances et de données laissées en plan à cause de réformes administratives appliquées à la hâte. C'est la rançon des gros appareils, j'imagine. Bref, le temps politique est trop court pour être efficace et trop fragile pour être constant. Il navigue donc sur les eaux troubles de l'actualité. Et malgré tout, ça marche.

Le militant

Le troisième personnage clé de notre psychodrame est le militant, à la fois prophète, trouble-fête, casse-pieds, celui qui empêche de polluer et qui oblige la société à réfléchir sur les impasses du développement.

Le militant a mille visages. C'est l'amateur d'espaces verts et de conservation qui appartient depuis trente ans à l'Union internationale de la nature, et qui, de dossier en dossier, force toutes les instances à la protéger. C'est le prophète, catastrophé par l'énergie nucléaire, qui hurle sa peur avant que tout ne saute. Ce sont trois humbles personnes – les non-initiés, les « laïcs », *lay people*, comme on dit en anglais pour les distinguer des experts – qui s'inquiètent d'un dépôt de BPC et qui commencent à poser des questions à tout le monde. C'est un groupe de jeunes qui, tout à coup, s'intéresse aux déchets et désire mettre sur pied un groupe d'économie sociale pour recycler du papier, du linge, des appareils électriques. Il y a des centaines, des milliers de groupes axés sur l'éducation à l'environnement, l'observation de la nature, la sauvegarde d'une espèce menacée, la protection d'un lac, l'arrivée d'un projet important, les changements de lois et de règlements, les conventions internationales (protocole de Kyoto, de Montréal, etc.), le trafic urbain, la bicyclette, les champs électriques et magnétiques, les OGM, l'agriculture biologique, le bruit dans les villes, le recyclage du papier, le commerce équitable, la déforestation, l'exploitation du pétrole et du gaz, les placements éthiques, etc. Impossible de les cataloguer. Il s'agit d'une mouvance très hétéroclite qui peut aller de l'anarchisme jusqu'au fascisme vert. Sans eux, depuis cinquante ans, la cause écologique n'aurait pas progressé. Sans leur acharnement, ni les États, ni les grandes institutions internationales, ni les Églises n'auraient bougé.

Trois traits me semblent les caractériser. D'abord, ils ont la conviction que le monde en son état actuel s'en va à la catastrophe. Ils ne visent pas tous la même cible, mais ils ont en commun de sentir et de savoir que la folie du développement va vers la ruine, et que cela n'a pas de sens. On peut leur faire mille reproches d'incohérence et d'inconséquence. Peu importe. Le message reste clair et péremptoire.

Le deuxième trait, c'est qu'ils croient malgré tout à l'action. Ils sont une force en marche, une force animée d'une espérance profonde. Dans nombre d'audiences publiques, malgré leur scepticisme sur les résultats escomptés, combien de fois ai-je vu des groupes venir tout de même dire leurs attentes, analyser les dossiers, en déceler les faiblesses et les incohérences et suggérer des voies de solution. La grande majorité d'entre eux ne s'en tient pas à un prophétisme déclaratoire. Ils savent que sur dix ans, vingt ans, leur parole a du poids.

Le troisième aspect, c'est la volonté de cohérence entre le dire et le faire. Bien sûr, il arrive qu'un intervenant vienne déchirer sa chemise pour dénoncer un risque tout à fait minime, et qu'il s'en aille griller une cigarette à la pause-santé. Mais c'est plutôt rare. Bien sûr, il y a des assoiffés de pouvoir – c'est un bon tremplin pour commencer une carrière politicienne – et des amants du jet-set. Mais c'est plutôt rare. En général, l'obligation de creuser et d'articuler les convictions finit par teinter la vie concrète. Ces militants sont plutôt pauvres et ils cherchent à vivre modestement, économisent l'eau et le papier, prennent les transports en commun, etc. Sur ce point, ils apportent un magnifique témoignage sur l'efficacité des moyens pauvres. À la longue, la faiblesse de la conscience est plus forte que la violence des appareils.

L'expert

Au cours de la rédaction de ce livre, j'ai hésité entre les termes « scientifique » et « expert ». Notre époque exalte la science, au sens moderne du terme, la science exacte, expérimentale, vérifiable, « mathématisable » et, comme dit Popper, falsifiable. Dans la société d'autrefois, la figure du sage, à la fois érudit, savant et prudent, était dominante. Depuis Auguste Comte, on a dépassé l'âge théologique et l'âge philosophique pour accéder au positivisme. C'est donc à la science que l'on demande désormais de guider la société. La science doit nous expliquer d'où nous venons, où nous allons et quelles sont les règles efficaces pour parvenir aux fins que nous poursuivons. C'est un peu pour cela que l'économie est devenue dans notre société une métascience, une science qui ferait le bilan et la comparaison de toutes les opérations humaines. Tout a un prix ou doit avoir un prix, par exemple le prix que consent à payer un individu pour des saumons bien en vie, pour une rivière propre ou pour un litre d'eau. Une fois établi l'étalon universel, on conclut qu'une société globalement plus riche est nécessairement plus développée et plus heureuse qu'une société au revenu moindre. Cette vision unilatérale est maintenant nuancée par une tentative de pondération d'autres facteurs afin d'arriver à un indice de développement humain intégrant, par exemple, le sentiment de sécurité, la participation démocratique, la qualité de l'environnement.

L'écologie en tant que science est quelque chose d'une rare complexité. Ce n'est pas une science de premier niveau comme, disons, la biologie et ses différentes sections : biologie moléculaire, étude des plantes, zoologie, taxonomie végétale et animale, etc. L'écologie suppose des connaissances dans tous les domaines : climatologie, chimie des sols, hydrologie. Au sens strict, l'écologie est l'étude du milieu, de la demeure humaine – *logos* (savoir), *oikn* (demeure); même racine que le mot « économie ». L'écologie étudie les relations qui s'établissent dans un milieu donné entre les systèmes physiques (eau, air, sol), les systèmes biologiques (flore et faune) et les systèmes humains (infrastructures matérielles, systèmes de production, rapports communautaires, cadre institutionnel). On peut n'étudier que le milieu biophysique, « écologique » au sens strict. Mais dès que l'on entre dans le domaine des décisions de société, il faut passer de l'écologique pur et dur à l'environnemental, et donc intégrer l'être humain comme une composante du milieu, composante lourde et déterminante.

Dans un débat traversé par des controverses environnementales, qui peut prétendre dire vrai ? Bien sûr, nous disposons de données globales, de vérités élémentaires, pourrions-nous dire, souvent plus proches d'ailleurs de la sagesse ou de la philosophie que du constat strictement scientifique.

Des exemples : les phénomènes de pollution sont démontrés ; les risques d'accidents et de catastrophes écologiques sont également patents ; il est relativement facile de démontrer l'effet de la forêt sur la régulation des eaux, et l'érosion rapide des sols quand on détruit la végétation.

Mais il est plutôt hasardeux de claironner à tous les vents la disparition d'espèces, voire de la chiffrer de façon péremptoire. D'abord, nous ne connaissons pas toutes les espèces vivantes, en particulier dans le monde des insectes. Jean-Marie Pelt signale qu'on a répertorié jusqu'ici 1 800 000 espèces animales et végétales, mais qu'il pourrait en exister 10, 20 ou 50 millions[42]. Souvent, on croit qu'une espèce est disparue parce qu'on ne la trouve plus, et elle réapparaît plus tard quand sa population s'est reconstruite. Une graine de framboisier peut dormir soixante-quinze ans en attendant les conditions propices à son éclosion. Pour le cerisier de Pennsylvanie, on avance le chiffre de cent vingt-cinq ans.

Pour tenter de trouver des réponses à toutes les questions controversées, on cherche donc le ou les bons experts. Le bon expert est-il celui qui dit ce que les gens veulent entendre, qui dit au politicien qu'il n'y a pas de risque, ou aux citoyens inquiets qu'il y a un risque énorme ? N'oublions pas que les experts ne sont pas toujours de bons communicateurs.

---

42. Jean-Marie Pelt, *L'écologie pour tous*, Paris, Éditions Le Livre ouvert et Édition du Jubilé, 2010, 519 pages.

La représentation idéalisée de l'expert et du spécialiste est celle d'un extraterrestre. Vivant dans la science et pour la science, loin du monde, il est tout entier consacré à la vérité. Il est neutre et objectif, d'une objectivité parfaite que lui procure sa méthodologie infaillible. Je ne nie aucunement ici l'ascèse, la discipline et la rigueur que s'imposent les chercheurs et les scientifiques. Ils font un travail énorme et magnifique.

Mais la prétention de la science est d'être totalement objective, ou comme on dit en anglais *value free*, détachée de tout intérêt. Cette ambition est une illusion pour deux raisons.

D'abord, l'expert est toujours aussi un acteur social. Il cherche par goût, par passion. Il gagne sa vie. Si son domaine de recherche devait régresser et disparaître, il serait ruiné. Sans s'en rendre compte, l'expert est ainsi induit à démontrer le caractère indispensable de ses travaux, à mettre en évidence leurs éléments stratégiques. Il faut voir, tous les mois de mai, le congrès de l'Association francophone pour le savoir (ACFAS) et les stratégies des auteurs pour montrer l'importance de leur champ disciplinaire. La première conclusion d'une recherche est d'ailleurs et toujours de réaliser une autre recherche.

La deuxième raison est plus subtile. On ne cherche que là où on veut trouver. Il n'y a de recherche qu'en réponse à une question préalable. Et cette question détermine tout le champ disciplinaire où l'on intervient. Faut-il, par exemple, chercher à prouver qu'il y a un risque, ou chercher à prouver qu'il n'y en a pas? Ce qui nous renvoie à la question du financement. Autrefois, la recherche semblait plus désintéressée.

Maintenant, la recherche est souvent subventionnée par des compagnies privées. C'est ce qui fait, par exemple, qu'il y a eu de nombreuses recherches sur le VIH et la mise au point d'un vaccin contre le SIDA pour une population à l'origine peu nombreuse – le milieu homosexuel –, alors que des épidémies de malaria tuent des gens par million dans les pays en voie de développement. Comme les pauvres de ces pays ne peuvent pas se payer de médicaments pour combattre la malaria, celle-ci ne présente aucun intérêt pour la recherche. Mais le VIH, oui.

Inconsciemment, dans l'ordre de la rationalité scientifique moderne, dans le positivisme de la pensée, on demande à l'expert de nous dire quoi faire. L'expert devient alors un leader, un prophète social. C'est exactement le rôle que joue l'économiste qui, depuis cinquante ans, a détrôné le juriste au sein de la société. Débat interminable : vaut-il mieux un philosophe, un théologien, un moraliste, un sociologue, un journaliste, un biologiste, un écologue pour diriger une société? Réponse impossible. Mais il est certain qu'à travers nos débats à saveur écologique, des experts nouveaux prennent du galon : le biologiste, l'écologue, l'anthropologue. L'économiste pense un horizon de dix ans au maximum, même si les investissements sont amortis sur vingt, vingt-cinq ou quarante ans. Le discours écologique nous force à entrevoir la durée biologique sur un temps plus long : vingt, cinquante, cent ans. Le développement durable élargit les concepts, élargit le cercle des « ayants intérêt », comme on dit des ayants droit, et le cercle de la durée – les sept générations chères aux Amérindiens. L'expert n'est pas l'arbitre du débat, malgré le désir qu'il en aurait. Mais il en est un acteur essentiel, celui qui va permettre d'inscrire nos décisions dans un certain cadre rationnel, limité certes, mais indispensable.

Le citoyen

S'il est un être difficile à trouver, c'est le citoyen. À mes yeux, celui-ci n'est pas le quidam anonyme, dont on dit qu'il constitue la majorité silencieuse. Tout le monde sait que, dans le cadre d'une consultation publique, ne se présente qu'une partie infime de la population. En général, ne viennent à une consultation que des opposants ou presque. La raison est simple : la loi d'inertie est telle qu'on ne se sent pas mobilisé à participer à une consultation sur un projet qu'on approuve. Ce sont surtout l'angoisse ou la colère, parfois la rage, qui nous poussent à l'action. L'approbation est plus molle, moins mobilisatrice. Il semble donc de bonne guerre pour certains de balayer d'un geste de la main, méprisant, les résultats d'une consultation où peu de gens se sont exprimés. Ce sont des chialeux, des alarmistes, des têtes chaudes et *tutti quanti*. D'où la préférence des partis politiques de contester les consultations publiques et de préférer les sondages, plus objectifs à leur avis. Sans oublier les sondages qu'on ne publie pas. À mon sens, le sondage ne signifie pas grand-chose. Il m'est souvent arrivé d'être sondé au téléphone, et j'ai toujours ressenti un malaise. D'abord, être bien sûr que l'interlocuteur procède pour une firme dûment mandatée et transparente. Quand, en terminant, on me demande mon âge, mon statut, mes gains annuels, si je vis seul, si j'ai une auto, un lecteur vidéo, un téléviseur, j'ai parfois l'appréhension qu'on veut me dévaliser. Mais quand on me demande : « à propos de la peine de mort, de l'euthanasie ou des accommodements raisonnables, êtes-vous tout à fait favorable, assez favorable, plutôt défavorable, très défavorable, aucune de ces réponses », je ressens un malaise. Je n'ai pas dans ma poche une pile d'opinions établies dans laquelle je pourrais indifféremment tirer la réponse juste. Pour une opinion sensée, il me faut réfléchir, m'informer, voir le pour et le contre, entreprendre un débat intérieur, une délibération. Je ne puis pas faire cela dans les trois ou cinq minutes que dure l'entrevue. Finalement, le sondage me semble moins le reflet d'une opinion que d'une impression, l'écho de la rumeur publique telle que les médias nous la fabriquent. Je risque donc de renvoyer à mon sondeur l'image de l'information que j'ai reçue récemment. Et que dire des formulations ! Qui, dans sa vie, ne veut pas mourir dans la dignité ? L'épithète « dans la dignité » travestit ici la densité du mourir.

Cela m'amène à penser qu'il y a, dans notre démocratie, un nombre considérable d'individus possédant des droits constitutionnels inaliénables. Bravo ! J'oserais dire que notre statut de membre de la cité ne fait pas automatiquement de nous des citoyens. En un sens, on ne naît pas citoyen, on le devient.

Lors d'une audience publique récente, deux jeunes sont venus poser des questions sur un projet à l'étude. Une audience publique – un peu à la manière du BAPE – est quelque chose d'assez solennel. Au centre de la salle, la table des commissaires. À gauche, une autre table, celle du promoteur et de ses experts. Ce soir-là, il s'agissait de l'Agglomération de Montréal, c'est-à-dire de la Ville de Montréal et des municipalités qui en forment l'agglomération, entendez par là les villes de l'île de Montréal. Après l'exposé initial du promoteur, c'était au tour des personnes qui voulaient poser des questions – elles devaient s'être inscrites préalablement dans un registre. Au moment venu, comme je présidais l'audience, j'ai invité les deux jeunes à prendre place à une petite table et à poser leurs questions. Leur nervosité était palpable. Ils appartenaient à un groupe de jeunes intéressés par la gestion des matières résiduelles. Ils ont posé leurs questions fort pertinentes, et ont écouté les réponses de la Ville. Il y avait là un moment de vérité formidable. Ce soir-là, ces deux jeunes sont devenus citoyens. Je les ai félicités et la salle les a applaudis.

Un jour, dans une rame de métro, des adolescents frappaient les bancs au risque de les briser. Un passager a haussé la voix et leur a dit d'arrêter : « Moi, je paie mon passage comme vous, leur a-t-il dit. Si vous causez des dommages, les frais de métro vont augmenter et on devra tous payer plus cher pour le droit de passage. Le dommage que vous risquez de faire, c'est à moi aussi que vous le faites. » Les jeunes ont cessé immédiatement leur tapage. J'ai eu peur pour le passager, mais il avait un gabarit pour faire ce qu'il avait fait.

Dans les débats d'environnement, les gens sont appelés à devenir citoyens. Un citoyen, ce n'est pas une bonne poire qui laisse tout faire. C'est, au contraire, quelqu'un qui devient à sa manière un membre actif de la cité, parfois pour contester, parfois pour appuyer, mais toujours pour sortir de la torpeur consommatrice où l'empire cherche à le contenir. La question écologique est si ample, si radicale, qu'elle concerne notre avenir à tous, l'avenir des groupes sociaux, surtout des pauvres, l'avenir des nations, l'avenir de l'espèce humaine. Quand la pollution atteint les niveaux que nous connaissons, quand des ressources essentielles risquent de manquer, quand certains processus régulateurs menacent de flancher, c'est le destin commun de l'humanité qui est en cause. C'est pourquoi la participation publique est ici essentielle. C'est, ultimement, le seul rempart contre la course à la barbarie où nous nous engouffrons.

L'illusion serait de s'en remettre à des technocrates. Ni le promoteur, ni le politicien, ni l'expert ne peuvent apporter la réponse adéquate, pas même les trois ensemble. Il faut aussi la participation citoyenne, car c'est grâce à elle que le non-dit peut remonter à la surface, les enjeux apparaître, le débat s'instaurer.

Comme je l'ai indiqué précédemment, le développement durable n'est pas un concept statique, une recette à reproduire. C'est un processus inachevé à reprendre sans cesse.

Revoir les règles du jeu

Pierre, ciseaux, papier ? Dans le jeu sociétal que nous jouons tous ensemble, les rôles sont bien nombreux. Il existe deux sortes de jeux : les jeux à somme zéro, les jeux à somme croissante. Dans les premiers, il y a un gagnant et tous les autres perdent. Dans les seconds, tous peuvent voir leur part et leur plaisir augmenter. Certains jouent à l'environnement comme un jeu à somme zéro. Aussi veulent-ils faire vite de l'argent, mettre la main sur les dernières ressources de la planète, quitte à laisser périr les autres. À ce jeu, tous seront finalement perdants. Il n'y aura pas de gagnants, car on aura franchi la limite des équilibres salutaires. Mais si nous le jouons comme un jeu de collaboration, nous y gagnerons tous, et tous ensemble.

Changer les règles du jeu, c'est finalement refaire société.

Chapitre 5
La participation populaire

Je suis venu à l'environnement non par le biais de la biologie, mais par celui de la question sociale, dans les grands débats du début des années 1970 autour de la pollution industrielle, de l'habitat, de la révolution culturelle de 1968 et de la conférence de Stockholm. La première recherche sérieuse que j'ai faite en ce domaine a été sur l'éducation relative à l'environnement, un peu après la conférence de l'UNESCO à Tbilissi, en 1977.

J'ai lu alors avec avidité tout ce qui me tombait sous la main sur l'état navrant de la pollution à travers le monde, dans les fleuves, les rivières et les océans, sur la terre, dans l'air. Partout, je découvrais une charge à fond de train contre l'industrie et l'absence de contrôle de l'État devant les puissances économiques. C'était alors le temps de la guerre froide et de la critique tous azimuts du capitalisme. Nous étions tous un peu vaguement marxistes et convaincus des contradictions intrinsèques du capitalisme. Cela ne pouvait mener qu'à la crise écologique. Je me souviens d'avoir lu un certain nombre de travaux provenant de Russie et du bloc de l'Est. Les auteurs insistaient pour dire que l'environnement dans les pays socialistes était toujours pris en compte, dès l'origine, et que le développement se faisait de façon harmonieuse. La raison en était simple : la contradiction capitaliste y était surmontée. C'était séduisant, mais plutôt faux. Je flairais l'odeur de la propagande et du discours apologétique, mais je manquais de données précises.

Quand une information critique et validée nous est finalement parvenue, au-delà des contrôles du système, nous avons découvert que la situation réelle de l'environnement était pire en URSS qu'en Occident. À développement égal, l'industrie marxiste polluait plus que l'industrie capitaliste. Les technologies étaient plus désuètes – les fameux plans staliniens –, les protections moins assurées, les accidents nombreux et les victimes forcées de se taire.

Les raisons de cette mauvaise performance sont nombreuses. D'une part, la pensée de Marx est axée sur le productivisme et considère la nature essentiellement comme une ressource à exploiter. L'axiome est bien connu : les philosophes se sont efforcés jusqu'ici de comprendre le monde, l'heure est venue de le transformer. Mais la vraie raison me semble résider ailleurs, ni dans la planification centralisée ni dans l'insuffisance de la compétence scientifique et technique. Les Russes ont largement précédé les Américains dans l'univers spatial. La raison ultime me semble la suivante : l'absence de débat public, libre et ouvert. Autoritaire, au début pour des raisons stratégiques, mais à la longue pour des raisons idéologiques, la société marxiste n'a pas été capable de débattre publiquement de l'environnement. Aucune information préalable avant l'implantation d'un projet, aucun débat autorisé avec des règles du jeu claires et transparentes, aucune information ultérieure sur les performances réalisées et la pollution générée. Toujours feindre l'unanimité pour donner aux autres l'illusion de notre cohésion et les empêcher de profiter de nos divisions. Tout le monde fait cela, du gang de voyous aux Églises en passant par les syndicats, les sociétés financières, les clubs de hockey.

Après trente ans de pratique en ce domaine, j'en suis venu à cette conclusion toute simple et radicale : le premier garant de l'environnement, ce n'est ni l'expert, ni le politicien, ni même la loi. C'est la capacité pour le public de porter les débats sur la place publique.

J'ai donné à ce chapitre le titre « La participation populaire ». J'aurais pu utiliser d'autres mots comme participation publique ou encore démocratie de participation. On désigne par ces mots un ensemble de réalités fort complexes et différentes qui ont toutes pour but, à des degrés divers, de s'assurer que la question écologique soit débattue par le public avec le présupposé implicite, souvent inconscient, que le public, par ses peurs, ses colères, ses intuitions, ses valeurs, est finalement le meilleur gardien de l'environnement. *A priori*, cela ne va pas de soi quand on sait la puissance de la démagogie, l'imprécision d'un terme comme « l'opinion publique » et la complexité des stratégies d'information et de désinformation parfois mises en œuvre. Finalement, de quel public parle-t-on ? Y a-t-il un bon public – la majorité silencieuse – et un mauvais public – militant ?

Quand on parle de démocratie de participation, on insiste sur un complément de participation démocratique à la gestion de la chose publique. Un politicien, homme ou femme, têtu a tendance à tenir le discours suivant : « J'ai été élu pour prendre des décisions. J'en prends et j'en prendrai. Si les gens ne sont pas contents, ils me battront aux prochaines élections. »

Ce discours est simpliste. La démocratie ne se résume pas à pouvoir élire ses dirigeants. Dans l'Athènes ancienne, les décisions étaient prises sur la place publique, l'agora, par les citoyens rassemblés – des hommes seulement, propriétaires, donc à l'exclusion des femmes, des esclaves et des émigrants qu'on appelait « métèques ». Quant aux officiers de la Ville chargés de mettre en œuvre les décisions, ils n'étaient pas élus, mais tirés au sort. On parle alors de démocratie directe : le peuple rassemblé décide, les officiers exécutent les décisions. Ce type de démocratie a été mis en œuvre pendant un certain temps au niveau municipal, en Nouvelle-Angleterre, et il en reste une nostalgie dans les écrits spécialisés sur ces questions.

Mais en général, ce que nous connaissons dans l'État libéral est une démocratie représentative. Le peuple élit ses représentants, les élus votent les lois et le gouvernement met les lois en œuvre. D'où un État formé de trois pouvoirs : le législatif (faire des lois), l'exécutif (le gouvernement, en pratique l'organe du parti au pouvoir), le judiciaire (l'administration de la justice). À ces trois pouvoirs bien identifiés dans tous les écrits de science politique, s'ajoutent un quatrième pouvoir non élu, celui de l'information, et à mon avis, un cinquième qui est la façon dont le peuple vit et expérimente la démocratie dans ses organisations et ses traditions, pouvoir que l'on désigne sous le nom de « société civile ».

La démocratie est toujours un idéal. Dans la réalité, nous en connaissons les misères : financement des partis, flou des programmes électoraux, système électoral plus ou moins adapté, avec ou sans représentation proportionnelle, représentativité des élu(e)s, manque de formation préalable des élu(e)s, complexité de l'appareil administratif, démagogie, etc.

Malgré tout cela, admettons pour le bien de cet exposé que la démocratie va bien. J'ai illustré au chapitre 4 certaines difficultés de mise en œuvre.

Dans les appareils d'État que nous connaissons, qu'ils soient municipaux, provinciaux ou fédéraux, la distance est de plus en plus grande entre les élus et les citoyens, et ce, pour de nombreuses raisons : processus administratifs souvent très lourds, complexité du cadre juridique, complexité technique des décisions à prendre, tensions politiques internes, pressions du quatrième pouvoir. D'où la frustration et la colère des citoyens et citoyennes devant un appareil qui leur paraît distant et indifférent à leur sort. C'est pourquoi la démocratie de représentation a besoin d'une série de compléments pour compenser cette distance et améliorer la participation démocratique : comités, commissions, conseils, consultations publiques, forums de citoyens, jurys citoyens, comités de quartiers, etc. De la simple information à la codécision en passant par la concertation, l'appel d'idées, le réseau Internet, il y a une effervescence de processus et de méthodes pour établir un va-et-vient entre le peuple roi, mais toujours dépouillé, et les élus, supposément ses serviteurs[43]. Cela, on le constate partout, de l'effondrement de l'URSS au printemps arabe, des contestations des réunions du G-8 ou du G -20 au mouvement des indignés.

Or, je pense que l'un des grands moteurs de cette aspiration à la démocratie et à la mise en œuvre de processus de participation vient de l'émergence de la crise de l'environnement. À partir des années 1960, il est devenu évident que ce que l'on appelait le progrès pouvait être en fait une régression, qu'une forme de développement économique pouvait conduire à la longue à une dégradation de l'environnement et à une destruction du cadre de vie, et donc, à des formes de déshumanisation. Très tôt, on a mis en place de nouvelles législations et institué des ministères de l'Environnement. Mais surtout, on a institué – aux États-Unis d'abord, puis en Angleterre et ensuite ailleurs – ce que l'on a appelé des « processus d'évaluation et d'examen des impacts ». Le vocabulaire est d'ailleurs passé partout dans la culture civique et à propos de projets menés dans divers domaines; en éducation ou en santé, par exemple, les gens réclament maintenant des études d'impact.

---

43. Sur cette question, voir mon livre *Environnement et consensus social*, Montréal, L'Essentiel, 1997, 141 pages.

Une étude d'impact est une étude prédictive qui essaie d'identifier les transformations qu'un projet apportera au milieu humain et au milieu biophysique, s'il est réalisé. Il faut donc pour cela faire un relevé de l'état actuel des choses, préciser le projet prévu, notamment les filières technologiques entrevues, en mesurer les risques potentiels, juger si, à tout prendre, le projet en vaut la peine, puis envisager les mesures d'atténuation des impacts prévisibles. L'option zéro doit toujours être considérée, car il n'est pas rare qu'un projet soit néfaste pour la société dans son ensemble, même s'il paraît payant à court terme pour un investisseur.

Je ne suis pas sûr que les personnes, qui ont fait au Québec la promotion de l'étude d'impact préalable et de la procédure qui l'accompagne, aient vraiment vu l'ampleur de la modification qu'elles ont apportée à nos sociétés. Le ministre Marcel Léger s'amusait à dire que « nous ne sommes pas sauvagement contre le progrès, nous sommes simplement contre le progrès sauvage ». Mais civiliser le progrès sauvage est un énorme défi.

La mise en place d'une pratique d'étude d'impact repose explicitement sur un certain nombre de valeurs souvent non conceptualisées.

D'abord, elle modifie la perception du temps et oblige à rétro-projeter le futur prédictible dans le présent. Cela sera développé par Hans Jonas et donnera le principe de responsabilité, puis le principe de précaution. Le futur n'est pas innocent.

Ensuite, cette pratique élargit le concept de l'écologique au profit du concept de l'environnemental. L'écologique est souvent réduit au biophysique, au milieu naturel à l'exclusion de l'être humain. Mais quand on doit trancher entre les humains et la nature, on choisit toujours les humains, avec une main sur le cœur pour montrer l'ampleur de sa tendresse. Or, l'environnement comprend aussi l'être humain, ce dernier étant en coévolution avec l'ensemble des êtres vivants de la planète. Cela signifie, en pratique, la réinscription de l'économie dans la société globale et dans l'ensemble de l'écosystème. Aussi n'est-il pas étonnant de voir les milieux économiques vouloir échapper à l'étude d'impact, chercher à restreindre l'environnemental à l'écologique pour réclamer ensuite une analyse économique parallèle à l'étude d'impact. Cette idée revient périodiquement et signifie un retour en arrière de quarante ans et une mise au rancart du développement durable.

L'évaluation des impacts d'un projet redonne au citoyen son statut d'acteur. Nous entrons ici dans une notion plus complexe. Comme l'être humain fait partie de l'environne-ment, tout projet d'importance risque à la fois de modifier le cadre de vie des citoyens et de porter atteinte à la qualité de l'environnement. Cela est évident dans le cas de pollutions industrielles – bruit, pollution de l'air et de l'eau, nuisances multiples –, mais aussi à propos d'aménagements à première vue inoffensifs, comme celui d'un centre commercial, d'une tour d'habitation, d'un observatoire, d'une modification au trafic urbain. On devient alors sensible à l'impact visuel, à l'architecture du paysage, à la pollution lumineuse, etc.

C'est d'ailleurs pourquoi la Loi sur la qualité de l'environnement reconnaît au citoyen un droit à la qualité de l'environnement, qui n'est pas un décor, mais un élément constitutif de notre être. C'est pourquoi il n'appartient pas à l'État ni à des entrepreneurs. Ceci veut dire en clair qu'il n'y a pas d'évaluation d'impact complète s'il n'y a pas aussi un engagement des communautés humaines susceptibles d'être affectées par les projets. Le fait de faire partie de l'environnement et d'avoir droit à sa qualité donne aussi le droit de participer à l'étude d'impact et d'en évaluer la qualité. C'est pourquoi on parle non seulement d'étude d'impact, mais de procédure d'évaluation et d'examen des impacts. Globalement, l'évaluation est d'abord mise en place par l'étude d'impact, qui correspond à une démarche à caractère scientifique. Mais l'évaluation finale postule un examen par les populations concernées qui sont appelées à la parachever. Les processus et les institutions concernés par la réalisation de cette démarche varient d'une société à l'autre. Au Québec, l'examen des impacts est en général réalisé par le Bureau d'audiences publiques sur l'environnement (BAPE), dont la réputation est plus qu'enviable.

Enfin, l'évaluation des impacts grâce à l'examen public révèle souvent la collusion entre l'expert et le décideur. Pourtant, la séquence semble simple et limpide. Un promoteur désireux de réaliser un projet demande à un expert de procéder à une étude exhaustive. Ensuite, le décideur n'a qu'à suivre sagement les suggestions de l'expert. Or, tout dossier soumis à un examen public rigoureux, comme celui du BAPE, fait toujours apparaître trois éléments : l'oubli d'un certain nombre de faits; les choix inconscients de l'expert; les valeurs sociales de la communauté.

Il y a souvent une différence considérable entre le milieu, tel que décrit par les experts, et celui décrit par les citoyens. Il faut voir un agriculteur qui examine un plan de ses terrains dressé par un expert. Lors du dossier de la fameuse 6ᵉ ligne, Hydro-Québec avait oublié l'existence du poulamon à Sainte-Anne-de-la Pérade. On imagine l'indignation des populations. Les gens sont les experts de leur propre vie et ils n'aiment pas beaucoup que les sociologues et autres spécialistes des sciences humaines les catégorisent trop vite.

Le débat public fait aussi apparaître les choix parfois conscients, mais souvent inconscients, des experts. Dans la représentation idéale, un expert est un savant complètement détaché des contingences, voué à la recherche de la vérité. Il est parfaitement objectif et son opinion n'est pas soumise à un champ de valeurs (*value free*). « Les chiffres parlent d'eux-mêmes. » Mais dans la réalité, c'est souvent différent. D'abord, on ne cherche que ce que l'on veut trouver. Un expert d'un promoteur tend à démontrer qu'il n'y a pas beaucoup d'impacts sur son projet. Il est souvent convaincu de la supériorité d'une technique sur une autre. Il a sa propre position d'acteur social et la défend à son insu. Il est sensible à la pression de ses collègues et ainsi de suite. Ce n'est pas là malhonnêteté ni conflit d'intérêts, mais le simple résultat du caractère humain de la science et des personnes qui la font. Quand la science devient aveugle sur ses propres présupposés, elle se dégrade dans le scientisme. Une hyperrationalité close sur elle-même devient irrationnelle et blindée contre toute mise en cause. Comme dit Karl Popper, ce qui fait qu'une démarche est scientifique, c'est qu'elle est falsifiable.

De son côté, le décideur entrevoit souvent les retombées positives des projets en termes économiques et politiques. Il est donc pressé d'agir. Or, les examens publics génèrent l'incertitude et prennent du temps, d'autant plus que le savoir populaire semble parfois grossier et peu savant. En anglais, on dit dédaigneusement *lay people*.

J'ai toujours été frappé par l'attitude de l'ancien premier ministre du Québec, monsieur Lucien Bouchard, qui ne prête foi qu'aux experts et se met en colère si on lui demande de vastes processus de consultation publique. Pour lui, c'est manifestement une perte de temps et d'argent. Malheureusement, son emballement et sa hâte envers des projets manifestement prématurés – gaz de schiste et casino entre autres – montrent que son goût pour l'expertise correspond moins à un souci de recherche de la vérité qu'à un désir de caution pour aller de l'avant.

Enfin, le débat social fait ressortir les valeurs sociales. *A priori*, tout le monde semble convaincu que la valeur par excellence dans notre société est celle de l'argent, celle du niveau de vie. Cela paraît évident. Mais quand arrive un projet réel avec des impacts précis sur le milieu, les populations concernées sont souvent d'une autre opinion. D'abord, elles trouvent très vite des solutions de rechange, l'économie d'énergie et la gestion de la demande, par exemple, plutôt qu'un nouveau barrage pour produire plus d'électricité. L'option zéro – ne rien faire – est parfois plus avantageuse à long terme, ce qui nous vaut des lamentations contre le « nonisme » et la société figée. Ensuite, les gens attribuent des valeurs plus élevées à des éléments que les experts ou les décideurs ne comprennent pas, un paysage, une mémoire historique, un monument, par exemple. Ou à des valeurs incontestables comme celles de la qualité de l'air, de la sécurité routière, de la santé, de la qualité de l'environnement. Le décideur vit rarement dans la communauté et ne comprend donc pas la requête de celle-ci parce qu'au fond, il ne sent pas une menace qui ne le concerne pas personnellement. On évoque alors les affres du réflexe « pas dans ma cour ». Pourtant, être dans sa propre cour à soi est une expérience bien personnelle. Il arrive ainsi que l'expert et le décideur soient peu sensibles à des dégradations bien localisées, car, eux, ils peuvent facilement s'évader de ces nuisances : double résidence à la ville et à la campagne, vacances à l'étranger, etc. Dans le monde des grands gestionnaires, il y a une génération d'apatrides qui n'appartiennent à aucune société réelle, mais qui, en un sens, flottent au-dessus des sociétés. Peut-être sont-ils annonciateurs de la société de demain, de gens qui appartiendront à l'humanité au-delà des appartenances locales. On pourrait parler alors de *world people*, comme on dit *world car*. Leurs enfants étudient en Suisse. Ils prennent des vacances en Grèce, font du *shopping* à New York, assistent aux spectacles à Paris ou à Los Angeles. J'ai cependant du mal à croire qu'on puisse passer à l'universel sans avoir assumé préalablement son village, sa ville, sa propre culture. Sans compter évidemment le coût écologique d'un pareil mode de vie en matière de transport et de biens de consommation.

De plus, la consultation publique coûte cher (diffuser l'information et les documents pertinents, tenir des assemblées publiques, engager des commissaires, des experts, des analystes, produire un rapport, etc.) et demande du temps (deux mois, quatre mois, six mois), d'où un jugement souvent méprisant et péremptoire : la consultation publique est une futilité pour une poignée d'irréductibles Gaulois.

Je n'aborde pas ici l'ensemble de la gestion du débat social et des luttes autour du développement de notre société[44]. Je me contente de ce qui se passe dans une consultation publique. Mon modèle de référence est la procédure du Bureau d'audiences publiques sur l'environnement, ou celle de l'Office de consultation publique de la Ville de Montréal. Il existe plusieurs travaux de recherche universitaires sur ce que « débattre » veut dire, sur les formes du débat social et sur l'influence de celui-ci sur les décisions politiques qui s'ensuivent.

---

44. Il existe un fort courant qui dénonce la contestation sociale. Voir, entre autres : Marc SIMARD, *Les éteignoirs*, Montréal, Les Voix parallèles, 2007, 156 pages; Alain DUBUC, *Éloge de la richesse*, Montréal, Les Voix parallèles, 2006, 336 pages. Le livre de Simard ne dénonce pas la consultation publique, mais plutôt la « gauche » qui accapare les forums publics. La conviction qui l'anime est très claire : « On ne le répétera jamais assez : plus un pays est riche, plus la solidarité sociale y est forte; plus il est pauvre et plus les inégalités et les injustices y sont présentes » (p. 153).

Quelles que soient les formes utilisées – assemblées publiques avec animateurs, commission d'enquête, panel, jury citoyen, atelier d'experts avec présence du public et autres –, il faut que la procédure soit claire, transparente et équitable, que l'information soit accessible et que les résultats soient connus.

L'originalité de la procédure du BAPE est de répartir l'audience en deux temps : un premier temps consacré à l'information, un deuxième consacré à l'audition de mémoires. La pièce maîtresse de la procédure du BAPE est la constitution d'une commission indépendante. Celle-ci ne décide pas, mais elle examine un projet et fait des recommandations pour la décision finale, qui relève de l'autorité politique.

Quand une personne se présente à une audience publique, elle y vient en général pour s'opposer. Quand on est d'accord avec un projet, on laisse aller. Avant la phase publique de l'audience, le promoteur a défini son projet et dispose d'une étude d'impact qui décrit le contexte, identifie les impacts prévisibles et justifie ses choix. Lors de la première partie de l'audience, le promoteur vient donc présenter son projet et le public est invité à poser des questions sur tous ses aspects.

C'est la phase la plus dynamique de l'audience. Les participants posent des questions au promoteur en s'adressant à la commission, laquelle s'assure ensuite qu'une réponse est donnée. Spontanément, l'opposant à un projet ne veut pas poser de questions, et s'il en pose, il ne veut surtout pas en écouter les réponses. Il veut tout simplement dire son opinion, s'opposer, dénoncer, faire un discours. Comme le dit le langage populaire, *a priori* « il ne veut rien savoir ». Alors le (ou la) président(e) de la commission doit le rappeler à l'ordre en lui disant que les mémoires, c'est pour plus tard, et que c'est le temps de poser des questions. Pour éviter les blocages et les frustrations, le président doit souvent reformuler sous forme de questions les affirmations des opposants. Par exemple : « Vous affirmez qu'il y a des risques pour la santé. Permettez que je demande au promoteur s'il a fait des études sur ce point et quels sont les résultats auxquels il est parvenu. » De question en question, on saura ainsi qui a effectué les études, quand et comment. Quels publics cibles ont été étudiés ? Quelles sont les informations sur des projets semblables ? Il s'agit là d'un processus lent, parfois fastidieux, rarement spectaculaire, mais très efficace à long terme. Car dans une étude il faut remarquer ce qui est dit, mais aussi ce qui n'est pas dit, ce qui est caché, ce qui est omis. Ainsi, quand une audience commence, le promoteur possède tout le savoir et il contrôle les zones d'ignorance. À mesure que celle-ci progresse, le public est capable d'établir certaines carences de l'étude, ses silences, ses esquives. Il peut déterminer les zones d'ignorance du promoteur. On assiste alors à un déplacement du pouvoir.

Dans certains cas, le projet se désagrège littéralement parce qu'il n'est pas vraiment justifié ou que l'étude présente des carences évidentes. Dans d'autres cas, au contraire, le projet résiste bien et les échanges permettent d'envisager diverses modifications possibles.

La phase des mémoires est plus calme. Parfois, les opinions sont très idéologiques, et donc sans surprise. Il est bien rare que les gens changent d'opinion de façon radicale. Mais ce qui est intéressant, c'est de voir quelle représentation les gens se font du développement et de son articulation sur le cadre de vie. On reproche aux militants écologistes d'avoir peur des projets, de préférer le *statu quo*, de demander sans cesse des moratoires. Ce n'est pas toujours faux, loin de là, mais il y a eu tellement d'erreurs en environnement qu'il y a lieu d'être méfiant. Chaque audience, chaque étude de projet, chaque rapport de la commission analysent un projet précis et font des recommandations pour une prise de décision immédiate. Au fond, il inscrit le projet dans la dynamique sociale et aide le décideur à prendre une meilleure décision. Ce n'est pas infaillible, mais c'est la plupart du temps très bénéfique. À plus long terme, ce processus civilise le développement et l'inscrit dans le contexte de la crise écologique. L'exemple de la Ville de Montréal me semble assez évident. Dans ses grandes orientations, la Ville affirme des valeurs importantes à propos de la mixité sociale, du logement abordable, de la sécurité, etc. Dans chaque dossier concret, ces valeurs reviennent à la surface, sont réactualisées et sont inscrites dans les décisions.

Revenons alors à la question : Qu'apporte le débat public ? Il construit une éthique collective. L'éthique écologique individuelle est assez simple : consommer moins, consommer mieux, bien gérer ses déchets, goûter la nature et en prendre soin, élargir son éthique en l'y incluant. Le débat public construit peu à peu une éthique collective de l'environnement.

Spontanément, le politicien aimerait mieux ne pas se préoccuper de l'environnement, car il perçoit cela comme un frein à sa réussite politique. Le système économique ne peut pas non plus intégrer l'environnement parce que la pensée économique ne fonctionne qu'à court terme et n'arrive pas à gérer la complexité du vivant. C'est finalement le débat public qui fait évoluer les valeurs et qui permet de moduler les projets en les intégrant dans des perspectives plus larges, sociales et écologiques. Drôle de paradoxe, car ici le peuple est finalement plus sage que ses élites.

Évidemment, le débat public a besoin d'être éclairé par la science et la recherche. C'est pourquoi il faut débattre en profondeur dans le cadre d'ateliers, de sommets, de conseils de tous genres. Le Conseil de l'environnement – hélas aboli –, le Conseil supérieur de l'éducation, le Conseil de la science et de la technologie, lui aussi aboli, la Commission de l'éthique de la science et de la technologie, toutes ces institutions, et combien d'autres, ont pour but d'intégrer à des niveaux divers les savoirs nouveaux et de favoriser le débat public. On ne sortira de la crise que grâce à un surcroît de démocratie.

Chapitre 6
Mysterium vitæ

Une des caractéristiques du discours écologiste, c'est son catas-trophisme. Il semble bien qu'on ne puisse échapper à cette tendance dans la mesure où la situation écologique globale se dégrade et va s'aggravant. Le présent ouvrage n'échappe vrai-semblablement pas à ce sentiment d'angoisse. On risque alors de projeter indéfiniment devant soi le malheur présent d'une manière linéaire – mathématique ou géométrique – jusqu'à l'échec final. Dans les années 1970, René Dumont, l'agronome écologiste réputé, grand prophète de malheur, proclamait sur toutes les tribunes que « pour le pétrole, il nous reste dix ans ». Après, ce sera trop tard. Il était également un grand malthu-sien et il laissait entendre que faire un enfant était un geste irresponsable. Quarante ans plus tard, il y a encore du pétrole et il n'est pas encore trop tard. Ce genre d'envolées oratoires semble généreux et pathétique, mais finalement se révèle assez vide et démobilisateur. Autrefois, le cardinal Léger utilisait ce genre de phrases creuses. Ainsi, au début des années 1960, il disait : « Le Québec de demain sera sobre ou ne sera pas. » La lutte à l'alcoolisme et la pratique de la sobriété sont des réalités autrement plus complexes. La drogue a depuis fait d'énormes ravages, ce qui ne nous empêche pas de toujours exister.

Il y a dans l'alerte écologiste une grande part d'angoisse. D'abord, il y a la peur du progrès. Si le progrès nous semble aller de soi, il n'en allait pas ainsi autrefois. La perfection était au passé, au bon vieux temps, au temps de l'âge d'or, le temps des origines. Il y a des relents de cela dans la sagesse amérindienne. Aujourd'hui, au contraire, nous sommes tournés vers le futur, vers l'avenir – sur le plan théologique, il y a une grande différence entre les deux termes – dans une conception eschatologique des choses. Pour les marxistes, le principe espérance achemine vers le grand soir. Dans la perspective chrétienne, c'est l'attente de la fin du monde, l'arrivée du royaume de Dieu. La perfection est au futur. La fin du monde est alors perçue de deux façons différentes : la fin du cosmos, son écrasement, figure de mort et de peur ; la venue d'un monde nouveau, l'achèvement, l'accomplissement. La grande peur écologiste ne retient que le côté sombre de la prophétie. Elle le cultive et l'entretient, utilisant sans cesse l'heuristique de la peur en laissant supposer que la peur mènera à l'action, à la conversion. Je n'y crois pas beaucoup personnellement, car si la peur mène à l'action, elle peut aussi conduire à la panique. Elle mène souvent à des actions sporadiques superficielles. Le contraire d'une stratégie à long terme s'inscrivant dans un système complexe.

Entendons-nous, la crise écologique est bien réelle et menace toutes nos sociétés. Ce n'est pas la vie elle-même qui est en danger. Il y a de la vie sur Terre depuis 3,5 milliards d'années, et si les folies d'homo sapiens peuvent porter atteinte à de nombreuses espèces, elles n'expulseront pas la vie hors de la planète. La planète non plus n'est pas en danger, et l'étoile qui l'éclaire et la chauffe en a pour quelques milliards d'années avant de s'éteindre.

Dans le catastrophisme actuel, il y a quelque chose d'angoissé et de malsain. Comme le suggère le rapport Brundtland, notre monde humain actuel doit faire place à un autre monde humain[45] plus modéré sur le plan de la consommation écologique et plus juste sur celui des rapports sociaux. S'il va vers l'irresponsabilité écologique et sociale, il aboutira à l'impasse. Sera-ce alors la fin de l'humanité ? C'est possible, car les espèces peuvent disparaître. Il se pourrait aussi que des guerres, des famines, des épidémies fassent chuter les populations en deçà du seuil minimal pour faire fonctionner le monde actuel. En ce cas, nous retournerions dans un monde féodal où une grande partie du savoir serait perdue. Un nouveau Moyen Âge semblable au précédent, quand l'Empire romain s'est effondré et que le savoir n'a pu survivre que dans les monastères.

Dans la situation actuelle, ce qui fait surtout peur, ce dont on parle le plus, ce sont les changements climatiques, probablement parce que leur cause la plus connue réside dans la consommation des énergies fossiles, surtout le pétrole. Ce n'est pas très exotique, c'est la réalité la plus banale. L'observation du climat est aujourd'hui une entreprise scientifique colossale menée par le Groupe international d'étude sur le climat (GIEC,

---

45. « Notre monde de cinq milliards d'habitants doit faire place, dans un cadre limité, à un autre monde humain. » COMMISSION MONDIALE SUR L'ENVIRONNEMENT ET LE DÉVELOPPEMENT (RAPPORT BRUNTLAND), *Notre avenir à tous*, Montréal, Les Publications du Québec/Les Éditions du Fleuve, 1988, p. 5.

en anglais IPCC) qui rassemble 2 500 chercheurs œuvrant de façon bénévole. Les rapports du GIEC font en général autorité même si certains adversaires ont essayé d'en miner la crédibilité (on les appelle les « climatosceptiques »). Le GIEC est formel : le climat planétaire se réchauffe, et le réchauffement est dû à l'augmentation des pollutions produites par les humains.

Cela a peu à voir avec les reportages d'une semaine sur la banquise, où une voix chevrotante et émue nous annonce la catastrophe. Même Coca-Cola y a va de son couplet avec, en prime, des photos d'ours polaires qui voguent à la dérive sur un bloc de glace. Ce genre de reportage éveille et sensibilise. Mais on oublie aussi de montrer ce que l'on peut appeler la résilience de la nature, sa capacité de reconstruire ses équilibres.

Souvent, on présente la nature comme une femme violentée, passive, comme si toute dégradation était définitive. C'est méconnaître ses ressources fabuleuses. Un cours d'eau, par exemple, est un écosystème qui rebâtit ses équilibres après un choc. Ainsi, le Saint-Laurent après les travaux de canalisation des années 1950. Ainsi, le Rhin après l'incendie aux entrepôts de Sandoz en 1986. Deux ans après, le fleuve avait reconstruit ses stocks de poissons. Laissez une cour d'école à l'abandon. En peu de temps, la végétation reprendra ses droits. Dans les pays de vieille civilisation, il n'est pas rare qu'on trouve sous les tells, ces collines formées de ruines et de déblais, les vestiges de quelque ville disparue.

Bref, la vie est coriace, qu'elle soit végétale, animale ou humaine. Quand Robert Malthus a écrit son *Essai sur le principe de population*, en 1803, il était absolument convaincu du déséquilibre entre la croissance des populations et la croissance des ressources. Sa solution était simple : enrayer la natalité et cesser de soutenir les pauvres. Il n'avait pas prévu au moins trois évènements : l'essor technologique et l'explosion des rendements agricoles ; le facteur culturel qui fait que le développement s'accompagne d'un ralentissement de la natalité ; l'émancipation de la femme.

Ceci veut dire, pour moi, que la traversée de la crise écologique ne peut simplement se faire par la dénonciation et la lamentation, mais par la mise en œuvre de deux leviers essentiels : la capacité de résilience de la nature et la capacité pour les humains de changer leur culture. Bref, par la confiance en la vie davantage que par la peur de la mort et de la catastrophe.

Mysterium vitæ. Le mot « mystère » ne signifie pas une réalité incompréhensible que l'on doit admettre par obéissance et crédulité. Il signifie, au contraire, le caractère inépuisable d'une réalité. C'est ce que l'on n'a jamais fini d'étudier, d'explorer, de scruter. L'infinie profondeur des choses. Autant il importe d'être critique et vigilant, autant aussi il faut scruter les sorties d'impasse. Mais pour cela, il faut changer de regard.

La capacité de résilience de la nature

Dans tout écrit écologique, on trouve un passage sur ce que
l'on pourrait appeler « la lamentation sur la nature ». La nature
est essentiellement perçue comme une réalité sans dynamisme
interne qui ne peut être que perturbée par les humains. On
disait d'ailleurs cela dans mon enfance à propos des mauvaises
fréquentations : il suffisait d'une pomme pourrie dans un
panier pour faire pourrir toutes les autres. Bref, un délinquant
dans un groupe d'adolescents fait nécessairement dévier tout
le groupe vers la délinquance. Dis-moi qui tu fréquentes, je te
dirai qui tu es. L'erreur, dans ces comparaisons, est de toujours
considérer les personnes et la nature comme des fruits morts
qui ne peuvent que se détériorer. C'est faux des personnes, on
le sait, qui peuvent évoluer, comprendre, changer, s'épanouir
grâce à une communauté vivante. C'est faux également pour
la nature. Nous vivons dans des images réductrices, celle d'un
conflit perpétuel entre la nature et l'humanité, et celle d'une
nature qu'on pourrait qualifier de morte.

On disait autrefois que la nature a horreur du vide. C'est
plutôt vrai. La vie ne cesse de coloniser les milieux les plus
divers, même après des catastrophes terribles, les plus dures
étant souvent des éruptions volcaniques. Un lac envahi par des
algues bleu-vert est moins intéressant, et possiblement moins
diversifié, qu'un lac à l'eau claire et froide. Mais il bouillonne
tout de même d'une vie prodigieuse. Je me souviens d'avoir un
jour rencontré de jeunes chercheurs qui travaillaient à établir
la carte des interrelations entre les divers niveaux trophiques

d'un lac en Camargue. Après trois ans, ils n'y étaient pas encore parvenus tant les interactions étaient nombreuses et construites en réseaux.

La vie est un tissu, et même quand il y a une déchirure, les processus à l'œuvre reconstruisent de nouveaux équilibres. La déchirure se referme et le milieu évolue vers un autre stade. Un lac glaciaire contient d'abord de l'eau froide et claire, abritant volontiers des salmonidés. Lentement, l'eau s'enrichira et le lac deviendra eutrophe, servant d'habitat à d'autres espèces. Sur une très longue période, il deviendra tourbière, puis évoluera vers d'autres stades. Je me souviens de ma surprise quand j'ai appris qu'un feu est un facteur de rajeunissement de la forêt. Ce n'est pas uniquement un malheur. Il est possible à cet égard que le symbole de la mère Nature, ou de la Terre mère, puisse être nocif dans la mesure où il nourrit un sentiment de culpabilité et ne représente la Terre que comme une victime. La nature est aussi une alliée, une partenaire, un réseau de forces d'une puissance insoupçonnée. La représentation statique de la nature est finalement assez peu écologique.

La capacité humaine de changer

Pour que nous puissions faire face à la crise de l'environnement, il faut plus que de la technique pour manipuler ou protéger la nature. Il faut que les humains changent. Et pour cela, il faut au moins deux choses : un changement de la culture et un changement de la politique.

Le changement de la culture est très bien engagé grâce à la diffusion énorme de la question écologique dans l'information et dans la conscience populaire. Les processus d'éducation relative à l'environnement ont également fait des pas de géant. Les visions spirituelles changent également et les thèmes d'alliance avec la Terre remplacent les visions simplistes d'exploitation. Malheureusement toutefois, sur le plan du vécu quotidien, la consommation est toujours un idéal de vie. L'éthique est ici très en retard sur la crise.

Le changement politique part de la constatation que les États ne sont pas capables, actuellement, de prendre les décisions adéquates à cause, notamment, des faiblesses du système démocratique et du cadre temporel déficient entourant la prise de décision. Il représente la pièce la plus complexe du dossier. Pour le comprendre, il faut revenir à la conclusion du rapport Brundtland.

> Les prochaines décennies auront une importance cruciale. Le moment est venu où il faut rompre avec d'anciens systèmes. Chercher à maintenir la stabilité sociale et écologique en conservant les vieilles approches par rapport au développement et à la protection de l'environnement ne ferait qu'accentuer le déséquilibre. La sécurité ne sera trouvée que dans le changement. La Commission a pris note d'un bon nombre de mesures qui doivent être prises pour diminuer les risques qui menacent la survie et pour placer le développement à venir sur des bases soutenables. Elle n'en est pas moins consciente du

fait qu'une telle réorientation n'est tout simplement pas à la portée des structures de prises de décision et des arrangements institutionnels sous leur forme actuelle, tant au plan national qu'international[46].

Le rapport Brundtland est, à mon sens, et de loin, le meilleur instrument dont nous disposons pour penser l'environnement. Mise sur pied en 1983 par une proposition de l'Assemblée générale des Nations unies et dirigée par madame Gro Harlem Brundtland, qui fut première ministre de la Norvège, la commission Brundtland était formée de 19 experts. Elle a mené des consultations publiques dans toutes les régions du globe. La force de son rapport est de présenter une vision globale de la question, de proposer un concept intégrateur, le développement durable ou soutenable, et d'indiquer en quels sens les actions doivent être entreprises. La dimension sociale du rapport est claire et solide avec une perspective altermondialiste très affirmée.

Le rapport Bruntland est paru en anglais en 1987. Sa traduction française (1988) a été révisée par un groupe d'experts québécois sous l'égide de l'Union québécoise pour la conservation de la nature, et éditée au Québec par les Publications du Québec et les Éditions du Fleuve, maison d'édition aujourd'hui disparue. Je ne connais pas les arguments qui ont prévalu à l'édition de ce texte au Québec, mais ce fut, à mon sens, une erreur stratégique. Il eût été préférable de l'éditer à Paris chez un grand éditeur, si possible en format de poche

---

46. CMED, *Op. cit.*, p. 27-28.

et à prix populaire, afin d'en assurer la plus large diffusion possible. Dans les faits, le livre est passé presque inaperçu en France, et il y a été assez mal reçu, l'Hexagone n'étant pas, comme chacun le sait, très ouvert à ce qui ne vient pas de lui.

Malgré cela, vingt-cinq ans après, le rapport Brundtland demeure le regard le plus global, le plus autorisé et le mieux documenté sur la question, même si les informations qu'il contient demanderaient aujourd'hui une mise à jour.

Depuis 1987, la capacité politique de prendre des décisions favorables à l'environnement me semble avoir régressé. D'abord, l'URSS s'est effondrée, ce qui a laissé libre cours à une reprise du capitalisme sauvage. La montée de gouvernements conservateurs, comme ceux des Thatcher, Reagan, Bush, Sarkozy et Harper, a fait reculer les politiques de prise en compte de l'environnement. On est très loin de Rio (1992), et la perspective de Rio+20 n'est pas très enthousiasmante. Le protocole de Kyoto a pratiquement été sabordé par les États-Unis, le Japon et surtout le Canada. La politique internationale de ce dernier a exécuté un virage complet. Alors qu'il jouait un rôle de pacificateur et de modérateur pour aider les pays à se comprendre et à trouver des compromis, le Canada est devenu un pays belliqueux, arrogant, hostile aux droits de la personne et aux mécanismes de conciliation. Il est carrément hostile à l'environnement, promoteur de la croissance économique pure et dure qui n'a rien à voir avec le développement durable. Aux États-Unis, le système politique semble de plus en plus bloqué. Il n'est plus possible de prendre des décisions avec un Sénat et une Chambre des représentants républicains hostiles au président Obama. En Europe, on semble au seuil de l'effondrement financier.

La démocratie est de plus en plus gravement malade. Idéalement, c'est le meilleur système politique qui soit puisqu'il assure le contrôle des gouvernants par les valeurs sociales. Mais j'ai retenu de mes lectures d'Alexis de Tocqueville deux avertissements importants. Premièrement, la démocratie suppose que les écarts économiques ne soient pas trop grands à l'intérieur de la société. Or, ces écarts se creusent pendant que le financement des caisses des partis politiques et le contrôle des dépenses effectuées pendant les campagnes électorales échappent de plus en plus au regard des citoyens. Il s'ensuit que les partis riches gagnent les élections et mettent en œuvre des politiques de droite favorables à la richesse des riches, sans oublier la corruption. Deuxièmement, l'ennemi de la démocratie est la démagogie. Il me semble, encore sur ce point, que nous ayons beaucoup régressé, notamment sur la qualité de l'information à la télévision, alors que la tradition canadienne, élaborée jadis à partir de la tradition britannique de la BBC, avait mis en place une déontologie précise et rigoureuse.

Enfin, un élément que Tocqueville ne pouvait prévoir, la structure politique de l'État actuel, que l'on appelle « westphalien » – territoire délimité, juridiction absolue –, ne correspond plus à la situation présente. L'économie s'est mondialisée et échappe aux lois et encadrements des États, ce qui, finalement, donne au milieu économique le pouvoir réel de décider des orientations mondiales par-dessus les États.

Ces forces ne sont pas absolues, bien sûr, et sont pondérées par les protestations de la société civile à tous les niveaux, qu'il s'agisse de contestation des réunions du G20, du printemps arabe ou de forums mondiaux de citoyens.

Dans cette situation, et pour simplement survivre, le citoyen a tendance à se réfugier dans le domaine de la vie privée. Mais il est important de réfléchir aussi sur les dimensions proprement politiques de la crise et sur les changements à apporter pour que, demain, les pays et l'humanité tout entière puissent trouver une solution, et même une pluralité de solutions.

Au Québec comme au Canada, la création d'un poste de commissaire à l'environnement adjoint au Vérificateur général est un pas vers une bonne stratégie. Mais il n'en reste pas moins que le système démocratique demeure insensible à ce que l'on pourrait appeler les intérêts de la nature et des espèces vivantes autres que homo sapiens sapiens.

Dans le système politique qui est le nôtre, la démocratie a d'abord cherché à contrer la tyrannie du pouvoir royal. D'où l'idée de fractionner les pouvoirs – le législatif, l'exécutif et le judiciaire –, et surtout d'avoir des représentants du peuple pour défendre les intérêts de celui-ci. Au début des réformes visant à contrer l'absolutisme royal, la sélection des représentants du peuple a varié, mais nous en sommes maintenant à la pratique de l'élection par tous les citoyens, hommes et femmes, concernés. Au Canada, nous en sommes encore à un système uninominal à un seul tour – majorité relative – sans proportionnelle, alors que dans d'autres pays le système prévoit plus d'un tour électoral et que des postes sont réservés afin de permettre une présence aux tendances minoritaires – proportionnelle.

Le problème global de la mise en œuvre d'une politique de l'environnement apte à faire face à la crise est celui de la représentation. Chaque élu représente une section de territoire donné, un territoire administratif sans lien rigoureux avec le milieu biophysique (biorégion). Il a donc tendance pour des raisons stratégiques – être réélu par sa base – et proprement politiques – la représentation –, à défendre les intérêts de ses commettants. Par ailleurs, l'horizon du temps politique est essentiellement court (trois ou quatre ans), alors que le temps écologique est beaucoup plus long.

Comment faire pour s'assurer que les intérêts « égoïstes » de chacun puissent s'inscrire dans une cohérence d'ensemble et constituer un bien commun ? Comment peut se faire cette agrégation ? La théorie économique veut que chaque entrepreneur vise à maximiser ses profits, mais que l'équilibre s'instaure grâce au jeu de la concurrence. C'est la thèse bien connue de la main invisible. Malheureusement, les cas de cartel ne manquent pas : les concurrents s'entendent entre eux pour maintenir les prix élevés. Disons qu'en général, le système fonctionne. Pour que l'équilibre des intérêts de chacun puisse s'établir dans le grand ensemble politique, il semble que la condition soit précisément la taille du territoire.

La grande innovation théorique de James Madison dans les *Papiers fédéraux* a consisté à dire que l'inclusion d'un grand nombre d'intérêts dans un grand territoire serait un facteur de stabilité. Si Madison concédait qu'une petite démocratie serait toujours en proie à la passion commune d'une majorité de citoyens, une vaste république comprendrait « une plus grande variété de partis et d'intérêts[47] ».

Dominique Bourg et Kerry Whiteside affirment également que le succès d'une démocratie, axée sur la croissance des biens et des intérêts de chacun, repose sur l'innovation technique et la domination de la nature.

Au fond, par sa logique intrinsèque, le système démocratique actuel dévore la nature et renvoie à plus tard les réformes nécessaires. On ne se soucie pas du long terme, car les gens à naître ne votent pas. On ne se soucie pas des autres espèces parce qu'elles ne votent pas. Certes, la pensée écologique avance malgré tout et finit par infléchir les programmes politiques et les décisions, mais d'une manière incohérente avec parfois des reculs étonnants. Comment expliquer autrement qu'après le désastre de la plate-forme pétrolière dans le golfe du Mexique, le président Obama ait autorisé le développement de l'exploitation pétrolière en haute mer?

---

47. Dominique Bourg et Kerry Whiteside, *Vers une démocratie écologique*, Paris, Seuil, coll. « La république des idées », 2010, p. 64.

Bourg et Whiteside pensent qu'il faut réformer le système politique en profondeur et prévoir la représentation politique des autres espèces vivantes. Ils recommandent à cette fin la mise en place d'une bioconstitution et l'implantation d'un sénat issu des milieux environnementaux. L'idée mérite certainement un examen approfondi[48].

Mysterium vitæ. Ici encore, il faut faire confiance à l'énorme capacité d'adaptation des vivants que nous sommes pour trouver la solution adaptative qui nous permettra d'aller plus loin.

Parmi les grandes figures de l'écologie, j'aimerais rappeler celle de René Dubos, qui a toujours, un peu comme Pierre Dansereau, associé une très solide formation scientifique à une vision humaniste achevée. Dubos n'était pas un écologiste militant, mais un véritable écologue attentif à la complexité de la vie. Il avait écrit avec Barbara Ward, à la demande du secrétaire général des Nations unies, le livre *Nous n'avons qu'une terre* pour la conférence de Stockholm sur l'environnement humain, véritable traité d'écologie appliquée, document introuvable aujourd'hui.

---

48. On trouvera également beaucoup de propositions concrètes dans la lettre ouverte de Pierre Calame aux femmes et aux hommes politiques de demain : Pierre CALAME, *Sauvons la démocratie !*, Paris, Charles Mayer, 2012, 127 pages.

L'intérêt de la pensée de Dubos pour aujourd'hui réside dans le fait qu'il n'oppose pas et ne dissocie pas l'humanité du milieu écologique. Dans un petit ouvrage intitulé *Courtisons la Terre*[49], il dresse une liste des dangers qui, à son avis – en 1980 – menacent l'humanité : conflit nucléaire, absence de travail intéressant pour les jeunes, surpopulation, dégradation de l'environnement, épuisement des ressources, pollution (p. 241-242), mais il n'hésite pas à dire que, souvent, l'humanité peut faire mieux que la nature laissée à elle-même et que le défi est donc de courtiser la Terre.

Ainsi peut-être verra-t-on s'ébaucher progressivement une relation à double sens entre l'humanité et la Terre avec, d'une part, des activités de gestion de plus en plus centralisées fondées sur l'utilisation d'une science sophistiquée, et d'autre part, un foisonnement de gestions décentralisées traitant sur le plan local et à l'échelle humaine les aspects les plus intimes de la vie. La gestion du futur pourrait se résumer ainsi : penser globalement, agir localement[50].

Dubos est d'avis – il n'est pas le seul, Lovelock est également très clair en ce sens – que le système où nous vivons est le résultat d'une coévolution de l'humanité et des êtres vivants, et que c'est la cohérence globale de la vie qui importe.

---

49. René Dubos, *Courtisons la terre*, Paris, Stock, 1980, 243 pages.
50. *Ibid.*, p. 218-219.

[...] notre planète est unique, dans le système solaire, par les organismes vivants qu'elle abrite. Mais si surprenant que cela puisse paraître, l'atmosphère et le sol terrestres qui sont essentiels aux êtres vivants n'existaient pas à l'origine et furent créés (ils continuent d'ailleurs à l'être) par les organismes vivants eux-mêmes. Les organismes vivants ont transformé les minéraux inanimés et les gaz qui existaient avant l'apparition de la vie. L'atmosphère actuelle et l'humus sont un don de la vie. Sans la vie, la surface de la Terre serait aussi morne et désolée que celle de la Lune ou de Mars. Le seul système à subsister est donc bien celui de la vie[51].

Une des difficultés majeures que nous éprouvons pour relever ce défi vient du fait que la culture est devenue massivement, sinon exclusivement, urbaine et que nous ne percevons plus vitalement, viscéralement, notre inscription dans les processus de la vie, dans les mécanismes fondamentaux d'action et de réaction qui vont des systèmes physiques (eau, air, sol) aux systèmes vivants (flore et faune). La perte du paysage rural et du terroir au profit d'ensembles où prévalent la technique et la consommation risque non seulement de nous déshumaniser, mais finalement de nous arracher de la vie, du tissu vital qui nous constitue et auquel nous contribuons.

---

51. *Ibid.*, p. 218-219.

Il n'est pas ici question d'une nostalgie ou d'un retour en arrière, mais bien d'une réconciliation par delà les acquis de l'ère de la technique et de la productivité. Comme le dit encore si bien Dubos : « La diversité et la souplesse sont des valeurs plus fondamentales que celles de productivité et d'efficacité. » Et « Nous ne pouvons pas échapper à notre passé, mais il nous faut inventer notre futur[52]. »

En biologie, l'adaptation est créatrice. C'est une invention à partir du déjà là, mais sous la pression d'un stress important. C'est pourquoi j'ai donné au présent ouvrage le titre *Changer la société – Essai sur l'échec en cours*. Quand on comprend l'ampleur de la crise, on intuitionne que le déni, l'indifférence et l'attentisme sont également irresponsables. La lamentation, la panique, la peur ne suffisent pas. Il faut accepter de changer et d'aller plus loin dans la vie, dans le processus qui nous fait exister. Puisse cet ouvrage constituer un pas dans ce sens.

---

52. *Ibid.*, p. 234 et 238.

Table des matières

Du même auteur

L'eau et la terre me parlent d'ailleurs, Montréal, Novalis, 2009.

Hymnes à la beauté du monde, Montréal, Novalis, 2012.

Regards critiques sur la consommation, Montréal, Novalis, 2012.

MARQUIS

Québec, Canada

RECYCLÉ
Papier fait à partir
de matériaux recyclés
FSC® C103567

FSC
www.fsc.org

Imprimé sur du papier Enviro 100% postconsommation
traité sans chlore, accrédité ÉcoLogo et fait à partir de biogaz.